在泰顺看见中国

主编　黄菊

上海人民美术出版社

◆ 在泰顺，人们随处可见建于不同年代、拥有不同形制的廊桥。但廊桥不是一个物理性的存在，它是精神空间、文化载体，是地方信仰仪式的参与者和见证者。每年二月二“龙抬头”这天，三魁镇刘宅村便会举行盛大的“迎神”仪式。“迎神”要走固定的路线，其中之一便是经过刘宅桥。摄影/钟晓波

◆ 唐宋明清的外来移民，组成了今日泰顺的主体。移民大多聚族而居，待在新地方落地生根、开枝散叶、繁荣昌盛后，便会举家族之力，编修族谱。族谱不仅有完整的体例、行文，还在所有细节上非常讲究。这些讲究，因为承载了具体的历史信息，而成为某种暗号和线索，以供后人考证、溯源。比如这本族谱，纸张采用边框纹样，这是明代泰顺花签纸的特色。而先祖头冠的金色颜料，则以那时的葛洋陶氏为最。由此可以推断，这篇内容来自葛洋陶氏族谱。摄影/晨波

受姓源流

◆ 木偶戏，是泰顺的国家级非遗项目，曾经盛极一时，今天仍然在当地各个角落绽放，几乎所有重大节日都有它的身影。旅居、旅行在泰顺的人们，也希望以各种方式连接这门传承了几百年的手艺。这是国家级非遗传承人在一家民宿为客人们表演木偶戏。摄影/曹曈

◆ 碇步，是廊桥之外，泰顺另一种随处可见的“桥”。其中，以东溪—雪溪—仕阳溪流域为最，从泗溪到仕阳，二十千米左右的溪水上，有十余条碇步，如南山碇步、洪坳碇步、溪雾垟碇步、长丘碇步、碇步头碇步、水流佛碇步、雪溪湾碇步、溪坪碇步、垟面碇步……像一段长卷，不同长度、不同韵律的碇步带来美妙的起承转合，至仕水碇步，步入高潮。这段长136米、共223齿的碇步，是全世界最长的碇步，也是仕阳溪上最美的琴键。在这琴键上弹奏乐曲的，是往来碇步上的村民、牛羊，以及随四时、晨昏变幻的天气。摄影/胡黎明

◆ 无论多么偏远，一片地域只要有独属于自己的风土，就总有人跋山涉水而来。有一位历史人类学者，已经在这里跑了十五年的“田野”，还将继续跑下去。他因为什么与这里相遇，并年复一年留下来呢？一定是因为，他在这里“发现”了一个独一无二的泰顺，也在这里重新“发现”了自己。摄影/曹曈

序

礼失求诸野，“野”在泰顺

到泰顺的第一天，去工地上采访木匠吴学养，他正为同村林姓邻居重建祠堂。聊到一半，他想起那天是农历二月十九，观音菩萨生日，赶紧带我们去附近的宝林寺吃斋饭。寺院里人山人海，幸好他有朋友先到，才为我们挤出几个位置。同一桌上，有画家、企业家，有从杭州退回来做家族研究的长辈。晚上，请他去四十千米外，我所住乡村酒店继续聊。他夫人和叔叔一起跟了来，夫人不放心他一人开夜车，叔叔则在需要时，在整个家族文化和地域传统方面为他做一点补充。

另一个木匠，曾家快，可能是全国最著名的木匠了，也住在老家的村子里。论木工，他少年成名，凡事心想事成，还有很多颐养性情的喜好：养盆景，做木雕，自学绘画。工作室里，还摆着弟弟玩的架子鼓。问他现在最在乎什么。“名利都不在乎了，只在乎家人。”如何在乎呢？“人家都把孩子送去县里、省里、国外，我的孩子就在村口上学。从小就告诉他们，要离开老家就把腿打断。这当然是玩笑话，实在要出去，我也没办法。只是，大家都走了，乡村就没人了。”

赖立位是刑侦警察，却痴迷于家乡的历史研究。那天陪我们走察溪前，他早上先陪了夫人去山里采野菜，等我们从上游走到中游他家门口，他夫人已做好一桌丰盛的家宴，一半山中时令野菜。他们都在温州市里工作，也常去杭州女儿家帮忙带孙子，但稍一得闲就会回到泰顺乡里的家，这是他们真正的停泊之地。

包登峰，作家，在外漂泊三十多年后，和妻子回到家乡的小镇上，一起放羊、种菜、写作。他年近九十的妈妈就住隔壁，每日为他做三餐饭。他妈妈家门口，有固定日子的会市（赶集）。会市时，人潮涌动，摩肩接踵，山上的人担来野菜、草药，山下的人挑来房前屋后的小菜，他和妈妈挤在人群里，幸福地挑选着、赏味着。

一位历史学者，学生时代来到这里，从此再没离开过：“很多学术问题的构成，都来自当地的点点滴滴。它们不会像一座大山一样横亘心间，但像山间的溪流，不断流淌。真正连绵不绝的，是那些溪流造成的冲击，用朱熹的话讲，就是‘源头活水’。”

这就是泰顺，传统与现代不隔，城市与乡村不隔，事业与家庭不隔，信仰与世俗生活不隔。每个人心里都怀揣着这片土地，先是了解、理解，再以各自的心力，推陈出新。这份“怀揣”，既不保守，也不排外。人们站在家乡，不忘眺望世界，或者阅遍千山万水后，依然选择回到这里。所谓“礼失求诸野”，那个“野”，不是一成不变，停留在过去某个时代的“野”，是允许里面的人走出去，也欢迎外面的人走进来，不断吐故纳新的“野”。今天的泰顺，是所有人共同参与耕耘的属于21世纪的桃花源样本。

黄菊

泰顺在哪里？

泰顺，位于浙江温州西南，泰顺北与景宁、文成，东与平阳、苍南，南与福鼎、柘荣，西与寿宁、福安交界。

洞宫山脉自西北延伸至东南，南雁荡山支脉自东北延伸至西南，两条山脉交叉，将泰顺分为南、北两部分，并形成“九山半水半分田”的丘陵地貌。山脉与山脉之间，遍布大小盆地。而每座山头均有山涧流出，至山麓，分别注入飞云江、鳌江、沙埕港、交溪四大水系，最终，飞云江、鳌江自浙江入海，沙埕港与交溪自福建入海。

明景泰三年(1452)，泰顺置县，寓意“国泰民安、民心孝顺”之意。而与泰顺同属温州的沿海各县，永嘉、瑞安、平阳、乐清，均在公元4世纪设县，比泰顺早了千余年，足见泰顺长期地广人稀。自唐代起，不断有浙江、福建的移民，因为躲避战乱，或亲近山林，而以家族为单位，顺着几条水系，举家迁入泰顺。历经数百年乃至上千年的繁衍，各大姓氏在不同的山间盆地、溪间谷地聚族而居，由此形成了泰顺今天的外在样貌和精神气息。

今天，最偏远的角落都已卷入全球化的浪潮，泰顺仍然保留着一个完整的传统世界。在这本书里，我们将细细讲述，它在拥抱世界、拥抱时代的同时，是如何耕耘内在世界的。

● 绘图/王岩

目录

『发现』泰顺

每个后来被视为“桃花源”的地方，都有一段被“发现”的历史，泰顺也不例外。它不是一下子被某个探险家“发现”而立即闻名于世，而是经由一个个人、一张张照片、一篇篇文章，一点点为人熟知的。但这其中，有两个重要节点。

萧云集，以摄影师的身份，呈现泰顺之美。

刘杰，以建筑学者的身份，发现泰顺建造技艺之独一无二。

廊桥“命名”人

萧云集　口述

我是温州苍南人。爷爷曾在老家开药店。父亲成绩优异，但家境困难，就考了不用交学费还有生活补贴的平阳师范学校。毕业分配来到泰顺，温州海拔最高也最偏僻的地方。母亲为了和父亲一起，也自愿与同学交换分配到泰顺峡屿小学教书。

1962年11月，母亲回苍南（当时属平阳县）老家生下我，刚满月，就抱着我一起回到泰顺。我在泰顺一直生活到高中，高考时出去念书，毕业分配又回到泰顺。1981年，苍南从平阳县析出，建县需要大量人才，不久，我也调回苍南文化馆当摄影干部。

小时候对廊桥没什么感觉，薛宅桥、刘宅桥、永庆桥……我们经常在桥上走来走去，觉得很平常，走上去还很害怕，那些拱顶很高的桥，从木板间的缝隙看下去，有点晕。

1996年，《廊桥遗梦》的电影已经出来，妹妹家有本《廊桥遗梦》的小说，用电影里的麦迪逊桥做了封面。中文译本里，作者把麦迪逊桥叫作“廊桥”，这不和我小时候在泰顺见到的那些桥很像吗？而且泰顺的桥比这座桥好看多了。我应该去为这些桥拍组照片，写篇文章，把它们介绍出去。

写文章时，我找了很多资料，找来找去，就是没找到“廊桥”两个字——当地人称这些桥为柴桥、八字桥、蜈蚣桥等，如果我的文章里执意要写“廊桥”，是不是经不起推敲，被人笑话？

但我又不死心，继续找。终于，在桥梁专家茅以升主编的《桥梁史话》里看到一段文字：“泰顺的先民很聪明，为了遮风避雨，在桥上大多建有‘廊屋’。根据桥的长度，廊屋有三开间、五开间、七开间之别。”

“廊屋”，顾名思义，有走廊的屋子。那么，有走廊的桥，不就可以叫“廊桥”？

于是，我大胆落笔，写了《浙南廊桥有遗篇》。为什么不写“泰顺廊桥”，而是“浙南廊桥”呢？因为我是苍南人，总得把家乡的廊桥也写进去。

那个年代的文化馆摄影干部，大多同时是报社通讯员，我是《温州日报》的通讯员。那时没电子邮件，写好文章，我亲自送去报社投稿，但稿件暂被搁置了。

不久，《中国摄影报》的丁东老师来温州永嘉参加一个摄影活动，我们1994年在贵州相识。活动结束，他来苍南走走，问我最近在干吗。我说了关于廊桥的这些事，丁老师说：“我们读者肯定爱看，你把它交给我。”就这样，1996年11月12日，我写廊桥的文章在《中国摄影报》发表了。

不久，《人民画报》的摄影编辑尹杰老师写信给我，问这组廊桥的照片可不可以也给他们用。《人民画报》是国家画报，对基层的人来说，能被《人民画报》约稿，很吃惊，也很荣幸。

之前为了省钱，我只拍了黑白照片，本来也只想着在《温州日报》发一发就好了。现在要在《人民画报》上发表，我又专门去了趟泰顺，不惜成本，给廊桥拍了彩色反转片。1997年第8期的《人民画报》上，用了两版跨页刊登《浙南的廊桥》。再后来，《浙江画报》、中国香港地区《中国旅游》杂志等，也刊登了我的照片和文章。

泰顺和廊桥真正在外面产生很大影响是在2000年，文兴桥上了《地理知识》杂志封面。不知道为什么，那时所有人都叫“廊桥”了，连整个建筑

● 1996年起，萧云集和他拍下的这组泰顺廊桥的照片，像海潮一样，从《人民画报》席卷至各省的杂志、报纸，最终选入国礼《中国》画册。用今天的话说，那是泰顺廊桥的第一波“流量”。照片提供/萧云集界都这么叫，也不知道是不是我带来的影响。我只记得，在一次会议上，有位业内的建筑专家批评我，说不应该叫廊桥，应该叫“木拱廊桥”。我开玩笑说，就当是我给它们取的艺名吧！

2003年年初，我接到文化部《中国》画册艺术顾问范迪安先生秘书的电话，她说在《中国旅游》上看到我那张《泰顺廊桥》，决定选进画册里。这本画册，是作为“国礼”赠送给与我国建交的各国元首的。

* 私家推荐（萧云集）

① 泗溪—东溪—仕阳（驾车）

在泗溪镇看完号称“最美廊桥”的北涧桥、溪东桥后，沿东溪顺流而下至东溪乡，著名音乐家周大风曾在这里的土楼创作出《采茶舞曲》。

东溪往仕阳方向，有一座“胡氏大院”，是我觉得温州市内唯一可与山西“乔家大院”相提并论的建筑。

至仕阳，有“仕水碇步”，修建于清嘉兴年间，长136米，共计223齿，是世界上最长的碇步。碇步分高、低两级，高的一级供肩挑扁担者或涨水时行走，低的一级可容两人并肩而行。导演谢晋生前想在泰顺拍摄一部《山村女教师》，看外景时，觉得仕阳碇步像钢琴的琴键，便将电影改名为《琴桥悠悠》，可惜后来机缘不成熟，没能拍成。

从泗溪到仕阳，河流的名字改了好几次：上东溪、下东溪、雪溪、仕阳溪，进入福建后改称“交溪”，最终以“长溪”之名入海。这条线路，既是廊桥之路、古民居之路，也是河流之路。

“发现”泰顺

刘杰　口述

2000年7月，不到三十岁的刘杰在《地理知识》杂志上发表了一篇写泰顺廊桥的文章。2001年4月，他的第一本个人著作《泰顺》由生活·读书·新知三联书店出版。他完全想不到，就是这期杂志、这本小书，成为“引爆”泰顺的导火线，而他自己的学术走向，也在此拐了一个大大的弯。

1. 1996年，我正在同济大学念研究生，导师路秉杰教授受温州“同济校友会”两位负责人邀请，到温州做“传统民居”调查与研究。路先生让我一起去，并作为接下来的测绘团队负责人。

我本科在西南交通大学建筑系就读，1989年入校，在学校只待了三年，1992年就到了广州佘畯南建筑事务所学习。佘院士当时是广州市设计院的名誉院长，中国第一批建筑勘察设计大师，中国最早的五星酒店——广州白天鹅宾馆，就由他担任总建筑师。我们当时的工作也围绕着白天鹅宾馆，以及那时刚进入中国的五星酒店体系展开。

其实，1993年春天我就得知已经被同济大学建筑与城市规划学院录取为硕士研究生，但佘院士说，我在他那里学习，比在学校条件更好，就推迟了去同济大学上学的时间。

佘院士受的教育背景偏西方，他在上海交通大学念书时，是用英文教学，整个跟国际同步。但我骨子里还是希望中国的当代建筑应该有中国传统文化的浸润。在广州待了近三年，我于1995年回到同济念研究生。

我本来是被同济大学建筑设计专业录取，后来自己调到“建筑历史与理论”。那时学建筑设计很热门，学了出去就可以到事务所、工作室工作，可以做项目，挣钱很快。但因为在佘院士那里的反思，我转向学习当时非常冷门的中国建筑历史。

同济的传统是，本科生到了某个阶段（一般是三年级结束后的暑假），要到野外去做历史建筑的测绘实践。那年我们一起去温州考察的一共有七十六位本科生，六七位研究生。因为我有一段工作经历，比普通研究生多了些管理方法和工作经验，导师觉得我可以统率全军。

当时从上海去温州，由于金温铁路还没开通，要么坐近20小时的长

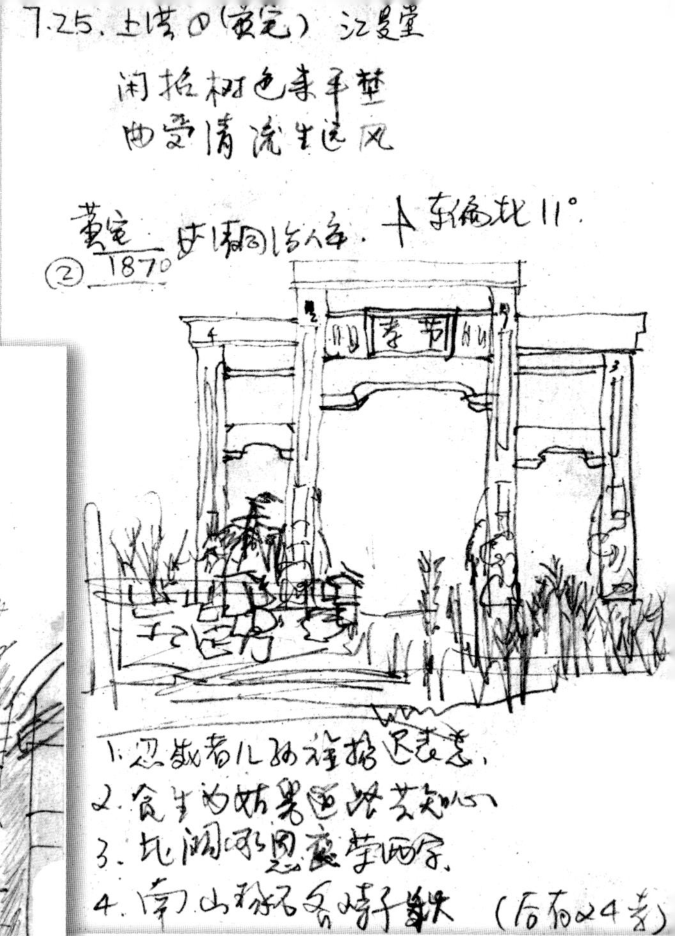

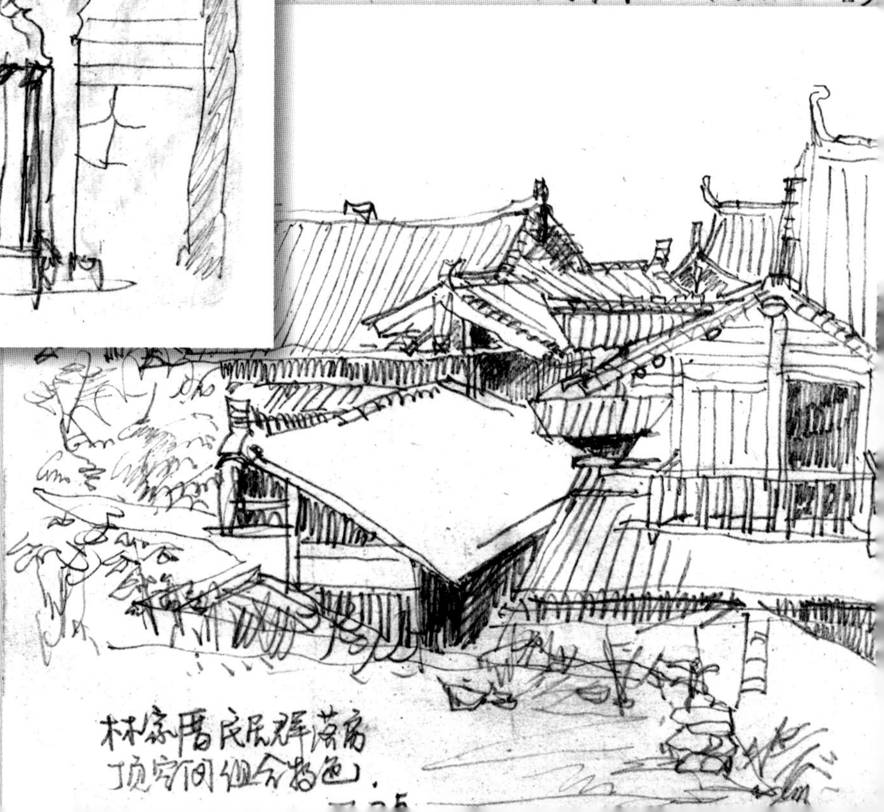

● 此页展示的是1996年还在念研究生的刘杰在泰顺考察古建筑时途中所画速写。他那时肯定不会想到，与泰顺的相遇，将改变他人生的走向。绘图 / 刘杰途汽车，要么从十六铺码头坐船，二十二小时后抵达温州码头，要么坐飞机。第一次，我们先和路先生下去踩点，路先生坐飞机，我和一位同门师兄坐长途汽车。回来的时候，路先生“开恩”，我们一起坐了飞机回上海。第二次，所有学生一起下去，人多，大家一起坐船去，坐船回。

我们选了平阳、永嘉、泰顺三个县做建筑测绘实践，我是课程现场管理的总负责人。理论上，我们应该在三个地方来回巡视，但当时去泰顺实在太远，没有一个人愿意去，只有我这个负责人去了。

2.

测绘结束，路先生要求每个研究生都写一篇考察报告。我比较认真，把泰顺每个重要的点都写了。因为我工作过，有一点经济基础，还花了点钱专门请打印社的人编排、打印（那时打印要花很多钱），再配上我在现场画的速写，做成了一本册子，像硕士论文一样，路先生看完很高兴。

中国的建筑学高等教育有“八大院校”之说，同济是其中之一。1997年，适逢香港回归，香港大学赞助八大院校各一名研究生去参加在港大召开的国际学术会议，主题就是“中国民居”。路先生推荐我去，我也通过了同济的内部选拔，就拿着泰顺的那本册子去了。

20世纪90年代中后期，也就是我在同济念书期间（我1995年到同济大学上研究生，1998年毕业），上海陆陆续续出现一些高层建筑，我很想将“上海改革开放以来的高层建筑”作为硕士论文题目，但路先生说，既然泰顺已经花了这么多功夫，就写泰顺的民居吧。

与此同时，中国的民居建筑界发生了一件有意义的事——清华建筑学院的陈志华老师，本来学社会学，后来转行到建筑学。他的建筑史论研究带有浓厚的社会学和人类学背景，他写建筑，写的都是人。而在那之前，研究传统民居的人看到的都是建筑。当时陈先生与人合著了一部书，《楠溪江中游乡土建筑》，他是教育家的做派，给前面说的“八大院校”的建筑资料室都送了一套，也送了一套给同济。我们1996年第一次去温州考察时，路先生就带了一套，我借来看，在第二次到温州的海船上一口气读完了。我还从来没有一口气读完一本建筑的专业书过，因为之前写建筑的专业书籍，包括梁思成先生写的，都很专业。而陈先生的书写方式让人很愉快，几乎没有特别艰深、苦涩的东西。也有人批评他没有技术，但我很喜欢。

以前对民间建筑的研究，泛称“民居建筑”，只有陈先生把它叫作“乡土建筑”（对应英文里的Vernacular Architecture）。我的硕士论文受陈先生影响，题目就叫“浙江泰顺乡土建筑研究”。在建筑学的硕士论文里，我应该是第一个以“乡土建筑”来命名题目的。

某种程度上，陈先生改变了我学术生涯的发展方向。我原本想研究现代建筑，结果一下子折进去做乡土建筑研究。不过这个转变倒符合我离开广州北上求学的初衷，要研究中国的传统建筑，乡土建筑是最合适的。

3. 为了表达对陈先生的感谢——虽然他并不认识我，但是我托分配在清华设计院工作的研究生同学把硕士论文带了一份给他。那时做现代建筑设计，可以说是财源滚滚；而做乡土建筑研究，不但不挣钱，可能还要自己贴钱。陈先生看了很高兴，也很有感触，给我写了一封热情洋溢的书信，说了许多让我很感动的话，其中一句是：“让我们相濡以沫。”后来我知道，这是《庄子》里的话，但在当时，相濡以沫这个词把我震撼住了，他对我

●《泰顺》，刘杰撰文，李玉祥摄影。这本小书集结了两代人的情感和心血，并引来第三代、第四代，乃至更多代人命运的转向。它是汇入现代泰顺的一条大河，很多人借助这条河流远行，比如刘杰。照片提供/宁成春

寄予如此高的期望，心里和我如此亲近！

当时他正在主编“乡土中国”系列丛书，在生活·读书·新知三联书店出版。收到论文后，他把稿子给了三联的总编董秀玉，要纳入丛书里。就这样机缘巧合，有了《乡土中国·泰顺》这本书。

当时三联是有顾虑的。第一，泰顺不够知名；第二，作者也不够知名。但陈先生一直鼓励董秀玉，“你放心，一点问题没有”。商务印书馆的编辑杜非很淡定地说：“刘杰你放心，你和泰顺很快都会有名气，将来会有很多人来采访你。”

我当时对“有名”没有概念，从来没有过“名”，也不太在乎。搞建筑的人，当时还是很自信的，如果缺钱，随便做一点事情就可以。如果想做研究，我也可以。

这本书1998年岁末开始策划，2001年春天出版。途中，2000年7月，我在《地理知识》（三个月以后，改名《中国国家地理》）杂志上发表了一篇文章:《〈清明上河图〉中的"虹桥"再现——泰顺廊桥》。那篇文章1999年开始策划，那一年，我和摄影师李玉祥在泰顺过的春节。杂志社的主编说，虽然拍廊桥，但需要有人文的氛围。正好过年，我们以文兴桥为背景，前景是一个从外面打工回来的漂亮姑娘，穿着当时正流行的松糕鞋。这张文兴桥的照片，做了那期杂志的封面。

好像真如杜非说的，自从《地理知识》上的文章发表、《泰顺》一书出版后，越来越多的人找到我，泰顺也一下子被很多人知道了。

这里有个大背景，"乡土中国"丛书开创了中国"图文书"的时代。以前的书，文字和图片是分离的，顶多在前面附几页彩图。那时，杂志、电视媒体，全面学习美国《国家地理》，中央电视台还成立了"科学教育"频道，其中一档栏目叫《探索发现》，他们也在找寻类似泰顺这种鲜为人知的秘境。有一位叫毕洪的编导，因为看到《地理知识》上的文章，很快又看到《泰顺》这本书，便一路找到我的学校，请我回去拍一部《虹桥寻踪》的纪录片。为了挖掘人物，我们进而发现了廊桥建造的工匠体系，这也是学术上的一次发现。

4.

采访我的记者们总喜欢问一个问题：这本书能给泰顺带来什么改变？我想了想说："这本书能改变泰顺什么，我真没想过，但有一点，可能会给泰顺人带来信心。"就是今天所谓的"文化自信力"。

当初从温州去泰顺，一般是坐卧铺车，快的话七八个小时到县城，慢

● 2000年，刘杰和李玉祥在泰顺过了一个春节，趁外出打工的人们回家之际，在文兴桥拍下这张照片。同年7月，它登上了《地理知识》杂志的封面。这张封面照，使泰顺人有了底气、信心，也使外来者如海潮般涌入泰顺。照片提供/萧关的话要十二个小时，所以我那些研究生同学不愿意来，实在太远了。那时当地人给我的感觉是极度缺乏信心。20世纪90年代，泰顺在浙江全省经济排名倒数第一。泰顺是温州下属的县，但温州人总称泰顺人为“他们泰顺人”，泰顺人也因此不认同温州，彼此心理上都很隔离、疏远。我们下去调研，当地人都是那种自谦式的推诿，“泰顺不行”“我们房子那么破，有什么好看的”。那时的泰顺，整体感觉是没落的，边缘化的，远离大众视线、一个快被人遗忘的乡土建筑的王国。

我们的出现，让当地人的世界有了亮点，同济的研究生竟然跑到这个穷乡僻壤来做调查，说明这些东西还是有价值的。退一步，至少为他们的日常生活带来一丝欢愉，因为长期没有外地人进来，而我们的身份又有点特殊，那个年代对读书人很尊重，尤其在泰顺这种非常尊崇传统文化的地方。

随着泰顺的“被发现”，一直到后面帮助包括泰顺在内的闽浙七县木拱廊桥申请世界文化遗产项目（我是当时申遗团队的首席顾问专家，该项目已于2012年被列入“中国申请世遗后备名单”），不仅泰顺人的信心一点点增强，温州人也在文化层面主动接纳了泰顺，觉得“这是我们共同的遗产”。

泰顺对我又意味着什么呢？泰顺是我认识乡土建筑的一把钥匙，为我后来的研究开启了新的路径。我不是开创者，开创者是陈先生他们这批人，但我是最早的一批追随者。

后来，我也陪陈先生回过泰顺，我书里写到的地方，都陪他一一走过。陈先生一直生活在很文学化、诗意化的氛围里，他在电话里讲，“挑个杜鹃花开的时候去泰顺吧”。我们真的就在杜鹃花开的时候去了。那时才知道，抗战时期他在杭州读书，后来辗转到了云和、景宁一带的山里。他曾在景宁县东坑村住过，那个村子就在泰顺边上，黄昏时散散步，就能走到泰顺境内。原来泰顺有他的童年回忆。

从1996年与泰顺结缘，至今近三十年过去了，我还在泰顺走来走去。后来我帮泰顺县成立了“古建筑与古村落保护委员会”，我做顾问，县委书记和县长牵头。委员会邀请规划局、博物馆和县志办的几位负责人担任实职，那几年做了些非常扎实的保护工作，因此保护下来一批传统村落。在河北教育出版社策划的“中国古村落”系列丛书里，我写了《泰顺》的姊妹篇《库村》。2005年开始，我和复旦大学历史地理研究所的吴松弟教授（他是泰顺人，因为《泰顺》这本书而认识我）、哈佛大学东亚系的包弼德（Peter K. Bol）教授，一起在泰顺进行了为期几年的国际考察，并将泰顺的木拱廊桥推向了国际学术界。

顺着木拱廊桥的线索，我的研究范围也从泰顺扩展到整个浙南，往南进而拓展到闽东北。廊桥、古民居，都是一个个的建筑点，把这些点连接起来的则是一条条古道，如连接温州的温州大道、连接福建的桐山大道。除古道外还有水系，泰顺境内的千百条溪流，最后汇入飞云江、交溪、沙埕港、鳌江四大水系。其中的交溪，古称长溪，它的下游流过福建，并在那里入海。最近十多年，我的研究重点一直在长溪流域，浙江省的泰顺、景宁和福建省的周宁、屏南等县，恰恰就处在这几个流域之间，我甚至准备写本有关历史、地理和建筑史学的书，就叫《流域的边缘》。

追踪溯源，长溪的源头，也是我研究传统建筑的源头，在泰顺。早期进入泰顺的移民，如果从福建走水路进入，也是顺着长溪进来的，我的研究则相反，从源头往下走，最终进入大海，走向国际。

* 私家推荐（刘杰）

①

桐山大道（徒步）:

罗阳—下寮溪—大安—三魁—柳峰—排岭—（此后进入福鼎境内）**南溪—上菰岭—下浮柳—桐山**（福鼎县治所在）

全程八十千米，福建省境内二十五千米。这是古时泰顺至（福建）福鼎的大道，福鼎县治在桐山，此道因而称桐山大道。泰顺盛产山货，福鼎盛产海产品，古时的人会从桐山挑海产品来泰顺出售，然后挑山货回福鼎，沿途因此搭建很多古廊桥、古民居、古茶亭等建筑场景。

补记： 人们常喜欢说“发现”某个桃花源，“发现”某处秘境。每个地方都早已存在于那里，由当地人一点点创建。世人所谓“发现”“命名”，更准确地说，是在让这些秘境、桃花源被更多人知道的“传播之路”上推了一把。泰顺和廊桥也是。以廊桥为例，当地人一直以其他名字称呼它，而早在1932年，建筑学者刘敦桢已在《中国之廊桥》一书中提出“廊桥”这一称呼。但历史的河流弯弯曲曲，世事沉沉浮浮，它们也有被遗忘的时候，从这个角度，那些“发现者”“命名者”，就是在河流拐弯处，重新打捞起那些沉下去的记忆的关键角色。

一座廊桥

如果只找一个形象指代泰顺，毫无疑问，一定是廊桥。最初，泰顺也是因为廊桥而被“发现”的。

一座廊桥，其选址有赖风水先生的勘查，其建造有赖地区或家族的集资、木匠的技艺，其维修有赖众人的同心同力…… 因为一座座廊桥，泰顺的风土得以呈现，人心得以连接。

钟晓波，使泰顺廊桥从被遗忘到“被世界看见”。

董直机和曾家快两代木匠，使廊桥建造技艺代代相继。

吴学养和周善灵，突破家族的边界、信仰的藩篱，使廊桥成为雅阳人的精神空间。

廊桥一梦，一梦二十年

钟晓波 & 黄菊　对谈

2000年，建筑学者刘杰在《地理知识》杂志上发表了一篇写泰顺廊桥的文章。因为这篇文章，当时正在成都念大三的泰顺青年钟晓波，创办了个人网站“泰顺廊桥网”。从此，他的命运，廊桥的命运，双双发生变化……

❶

黄菊（以下简称“黄”）：“泰顺廊桥网”是哪一年创办的？

钟晓波（以下简称“钟”）：2000年，我还在成都上学，大三。

黄：怎么在成都办一个“泰顺廊桥网”？

钟：很巧，我一直很喜欢《中国国家地理》杂志（当时还叫《地理知识》），高中就看。2000年，有天我们班长拿了本杂志过来，说封面是泰顺的一座廊桥，就是现在筱村镇的文兴桥。我一看，真的是！

黄：是李玉祥的照片？

钟：李玉祥老师摄影，刘杰老师写的文章。这篇文章对我震撼很大，作为泰顺人，从来不知道我们这种廊桥在专家眼里这么有意思、这么有价值。

黄：那时你知道文兴桥吗？

钟：不知道。我只知道薛宅桥，初中就在三魁镇薛宅桥边上的三中念书，每天上下学、赶集、走亲戚，都要经过。但它在我们方言里叫“柴桥”，不叫“廊桥”。我们经常在桥上玩，放纸蜻蜓，吹泡泡，但没有特别的感觉，跟其他桥一样，就觉得这座桥特别高，桥上还经常有疯子、流浪汉躺在廊屋里。

黄：所以那是一个重要的公共空间。

钟：对，外面下雨，里面还像家里一样，能够遮风挡雨。那期杂志给我震撼的地方是，专家对廊桥价值的肯定，说泰顺是古廊桥的“侏罗纪公园”“博物馆”，甚至有网友说，泰顺是“十大即将消失的世外桃源”“江南秘境”……这改变了我对家乡的认知。一直以来，每次被人问起是哪里人，我说温州，大家讲到温州都觉得——

黄：有钱。

钟：有钱，办企业的特别多，民营经济特别发达，但这些跟我们其实没关系。对温州城区，我们只在书本上了解过一些，温州的语言我们也不会。

黄：边缘感很强。

钟：对，非常强。当别人再问我是温州哪里的，我说“泰顺”时，他们压根不知道，我们就会解释：泰顺是温州的一个县，却曾是一个国家级贫困县……我小时候就是从贫困里过来的，初二的时候家里才有电，以前都是点油灯，做完作业，鼻子里感觉都是厚厚一层煤油灰。初中到三魁镇去读书的时候才有一双比较像样的鞋，以前都是穿姐姐的鞋，衣服也是，甚至到高中还穿我姐的衣服，被同学们笑。

加上我是畲族，生活在很偏僻的山上，眼前除了山还是山，总想翻过眼前这座山，去看看山那边是什么样子，很想逃离那种环境。所以谈到家乡，也没什么好谈的。但是那期杂志把泰顺描写得这么让人向往，真是深深地震撼了我。从那时开始，我也想为泰顺做点什么，虽然自己学的是中文，但是对网络非常感兴趣。

黄：那时网络也刚刚兴起。

钟：对，我们喜欢玩电脑，以前也玩游戏、收发电

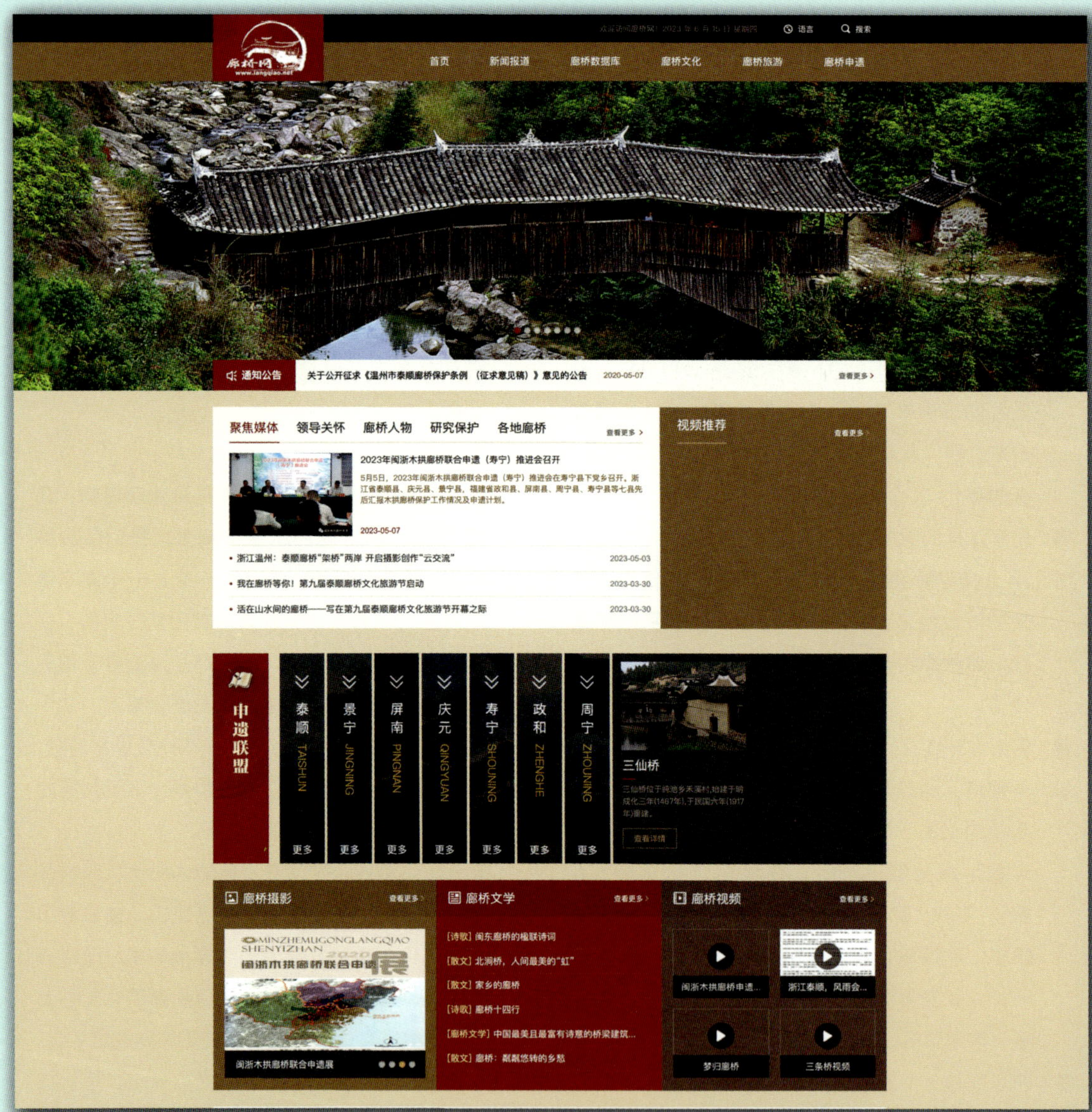

● 钟晓波创办的"泰顺廊桥网"首页，这是一个人的青春，一个地方的幸运。

子邮件，喜欢接触新东西。那时个人网站也兴起了，申请个人域名或二级域名，弄个小空间，就可以在网页上做一些个性化的东西发布出去，然后就会有回应。当时也没太多用心在学习上，大三的时候，正儿八经入职了一家网络公司，叫蓝桥资讯公司，我在里面做网络部负责人。在那里，条件就更好了，天天可以上网。

黄：“以公谋私”。

钟：哈哈，对，我把《中国国家地理》专题里的一些文字、图片搬到网上，又在网上找了些廊桥的图片，就这样把个人网站做起来了，就叫“泰顺廊桥网”。

当时的心愿是，让更多人了解泰顺，了解廊桥。刘杰老师说，泰顺廊桥完全可以申报世界文化遗产。所以从一开始，我就把廊桥申遗作为网站创办的主要出发点，因此，“泰顺廊桥网”还有个副标题——“泰顺廊桥，世遗心愿”，把专家的一些观点也放到网上。

这样发布后，没想到真的有效果，好多学校的专家来留言。一位叫“徐家先生”的网友，在我们开通BBS留言板后，在上面留了很多鼓励的话。后来才知道，他是徐志伟先生，也是泰顺人，还是复旦大学出版社的社长。

另外一个群体就是背包客、来自天南海北的“驴友”，他们对传统景区不感兴趣，但对未开发的“秘境”非常喜欢。很多人在“泰顺廊桥网”上询问情况：泰顺廊桥在哪里？行程怎么安排？

因为留言里有太多内容，我们又开通了论坛，分了更细的版块，有些是专门为驴友提供实用信息，安排一些攻略，或者把其他驴友做的游记和攻略放到上面给大家参考。

2001年，刘杰老师又出了一本书，是“乡土中国”系列的《泰顺》。在这之前，我印象中基本上没有人专门为泰顺写过书，只有本地一些文史资料。《泰顺》这本书一出来就深受背包客喜欢，他们从全国各地去寻找廊桥的时候，手里都拿着这本书。后来很多人描述，他们在去温州或者泰顺的路上，一看到拿着这本书的人，就知道是去泰顺找廊桥，于是结伴同行。

黄：那本书的出版也是外来人进入泰顺的重要节点。

钟：非常重要的节点。2001年，我大学毕业，回到泰顺，在电信实业公司上班，条件比在成都的网络公司还要好：一是有我想买的最新款的数码相机；二是有车，如果我想去乡下，只要找个理由就好。我们在乡镇上都有电信支局，去乡下，就有更多机会拍到散落在乡间的廊桥。

黄：你很喜欢成都，称那里是你的“第二故乡”，但你回了泰顺。你们的观念里，就是要回来吗？

钟：对，我家就我一个男孩，肯定要回来的。

❷

黄：2000年创办“泰顺廊桥网”时，对廊桥的了解，尤其是实地走访，还不多吧？

钟：对，回来后才有更多机会走访，特别是乡间的廊桥。各地的驴友还希望我带着他们走，我就利用周末的时间和大家一起走。这些驴友来自全国各地，他们来之前，大多在“泰顺廊桥网”上已经认识，所以氛围特别好。很多驴友在知道这个网站是我个人公益创办的之后，有的为我们提供义务服务，有的一定要付我导游费，实际上就是捐钱支持“泰顺廊桥网”。

黄：当你再回来，不仅拥有了一双“发现者”的眼睛，也结交了很多无法在工作领域认识的朋友。

钟：对，像徐志伟老师（就是那位“徐家先生”）这样的高校学者，他们对网站的评价、对家乡的感情，让我们更加笃定，要把网站越办越好。

以前的照片都是拷贝的，我们自己都不知道出自哪里，甚至有一些不准确的信息，我们就陆续更新、纠正。另外，回来之后，网站的影响力越来越大，部分在外求学的泰顺籍学生也参与“泰顺廊桥网”的运营。

在讨论怎么把网站办得越来越好的同时，我们发起了一个倡议：把泰顺的廊桥，以图文结合的形式，做成漂亮的展板，去杭州、上海的高校展览，而且要去最好的高校，比如杭州就去浙大、杭大、浙工大，上海就去复旦、交大。

黄：你那时候才二十二三岁！

钟：对，刚毕业。策划方案做出来后，我们就去找相关部门，但未得到回应。几个刚毕业的小毛孩，很青涩的，大家觉得我们干不出什么大事来。这件事情不要说学生，就是相关部门出面也从来没干过。

黄：当时他们也不觉得这事有多重要吧？

钟：对。当时在泰顺，除了驴友、摄影发烧友，本地人大多对廊桥没什么感觉，不了解，也没去过。

但我们觉得这事非常有必要，而且也得到几个人的支持，其中一个是文博馆工作人员庄通，他很认同我们，帮着做了很多前期工作：拍照、整理文字、设计展板。

当时真的是两三个人，连续好几个通宵把这些东西赶出来，然后带着这些展板再去找领导，领导那时还是没太多感觉。后来得到县政协文史委董晓华主任的支持（他现在成了我们的大哥），他年纪比较大，又是政协文史委的，发现这帮小青年还是能够做出一些名堂的，就帮我们去做上面的工作。最后，他找了温州市里的政协领导，市里很支持。市领导一支持，县里部门领导马上也重视起来。

黄：高度重视。

钟：对，高度重视，主动找我们对接，以政府的名义主办这个活动。那当然是好事，说明他们支持，但还是没有经费。我们电信的两个老总，一个电信实业老总，一个电信局局长，也被我感动了，觉得我们刚毕业就这么努力为家乡做事，很难得，他们各自给我们出资两万元。

黄：那时算巨款了。

钟：是巨款。泰顺移动公司也给了我们两万元，总共六万元。钱有了，政府也支持了。特别是，通过市政协层面联系到省政协，这对我们真是巨大的鼓舞。在杭州的泰顺籍学生也都热情高涨，去帮我们联系学校的相关专家，一起把展览工作做起来。

黄：势如破竹啊。

钟：对，我们单位也非常支持，不仅给我们时间（当作出差），还给我们配了辆车，把我们做的展板运到杭州去。

到上海后，因为展览，认识了另外两位非常重要的老师：复旦大学的吴松弟教授，他本身就是泰顺人；上海交大的刘杰老师，就是《泰顺》那本书的作者。

现在想起来，那时真就是凭着一腔热血把这件事情做成了。活动前后持续半个多月，在全国最有影响力的几所高校里，把泰顺廊桥第一次展现在世人面前。

后面又有很多媒体持续跟进，整个效果被大大放大，更多人把目光聚焦到了廊桥。更难得的是，徐志伟、吴松弟、刘杰这样一批专家，持续投身对廊桥的研究中，把很多国际学术会议和考察安排在泰顺，从学术的各个层面对廊桥进行研究。

泰顺也凝聚了一帮和董晓华一样喜欢廊桥的朋友，我们回来后，大家常聚在一起，一起拍照，一起行走。大家热心公益，也很有能量，因此形成了一个群体，自嘲为“360协会”：“360”好像比“250”高级一点，因为我们知道自己的目标，但也跟“250”差不多，傻傻地为廊桥的事去努力，不问艰辛，不计报酬。

当时廊桥的保护形势非常严峻，展览回来，通过政府的支持，我们成立了“泰顺廊桥文化协会”，董晓华是首任会长。

❸

黄：你说廊桥的保护形势很严峻，那时廊桥的现状是怎样的？

钟：2000年，泰顺的城镇经济正飞速发展，很多乡镇都在造路、造房子，把廊桥周边的环境全改变了。

另外，泰顺是著名的小水电之乡，建电站，就会把上游的水拦截掉，等到下游的廊桥时，河里就没水了，而没有水，廊桥就没有了生命。更严重的是，如果廊桥在水库上游，很可能还会因为蓄水而被淹掉。

像仙居桥，因为建水库，水面抬升，为了不让桥被淹，就把整个桥基抬升了一点五米。但后来发现，发洪水时，还会经常把拱桥底部泡在水里。

最典型的是三条桥。泰顺境内有三十余座古廊桥，每座桥都独一无二，比如北涧桥和溪东桥被称作“世界最美廊桥”。但我们最喜欢的是三条桥，它横亘在两山之间，周边没有任何现代建筑，至今没有公路抵达，需要徒步半小时。而且桥上有浪漫的传说和题刻，比如有首非常美的《点绛唇》。泰顺作家，陈圣格老师，也是廊桥学会的核心成员，他写了篇文章——《孤独的三条桥》，称它为“世界上最孤独的廊桥”。很多外地驴友过来，我们都会为他设计一条寻找三条桥的线路。

讲三条桥的故事，还要讲一下我的爱人海沙。她当时在泰顺报社工作，我们在杭州和上海的图片展比较成功，廊桥也火了，报社想做个报道，让她来采访我，就这样认识了。有一天，她们报社忽然收到三条桥所在地富家垟村民的一封来信，说三条桥上游要建一个水电站，要把水拦掉，这样就会导致三条桥下面的水没了。

黄：村民的文化自觉性这么强！

钟：是的。通过“泰顺廊桥网”的影响和我们举办的一些活动，大家也觉得原来廊桥有这样的价值，便开始重新审视廊桥，重新认识家乡。老百姓也一样，特别是家乡周边就有廊桥的百姓，他们也会重新审视廊桥和自己的关系。

像富家垟村，三条桥就是村子里姓苏的先民建的，现在被专家这么认同，大家肯定高兴。但如果上游的水截了，桥没了水，就像人没了血液，等于没了生命，肯定不同意。当然，水电站的建设可能也会影响村民的一些利益，比如山林赔偿之类，但最主要的还是对廊桥的影响。

所以收到这封读者来信后，海沙写了文章反对水电站的建设，发在《泰顺报》上。第二天，上级部门问是谁写的，要当面质问。当然我们不怕这些东西，因为报社领导也支持，没把我们的信息透露出去。

紧接着，我在“泰顺廊桥网”及论坛上也把这个消息发布出去，那就影响更大了。

黄：你们是泰顺的“守护人”啊！

钟：当时全国各地的网友都支持我们，这样一来，矛盾越来越严重，因为这个水电站是重点工程，执行力是非常强大的。他们扬言，要把网站的服务器关掉，甚至把网站收购掉。

矛盾越闹越大，我们在论坛上专门开辟了一个专栏，就叫“三条桥保卫战”。后面的媒体，包括一些国家级媒体，都聚焦这件事情，陆续过来采访、报道，在全国都产生了很大影响力。

这场保卫战，从2003年4月一直持续到2004年6月，过程还是挺惊心动魄的，当地村民守在廊桥上，夜里都在上面睡觉。工地上也有人守，不让他们施工。因为是重点工程，你影响工程进度，不仅会起很多肢体冲突，他们还把一些村民抓了进去，甚至也有判刑的。

十几年后，有次陪刘杰老师去三条桥，在桥上碰到一个人，就是当年因为护桥而被抓进去的。说起当年的往事，我们真的是紧紧相拥在了一起。

后来这个水电站还是上马了，但做了妥协，就是在大坝上留了一道口，这道口有固定的出水，廊桥下还有水，只是比以前少一点。这对我们来说，已经是重大的胜利，把三条桥的水保住了。但更重要的影响是，通过“三条桥保卫战”，让廊桥保护意识在村民中，在社会层面，做了比较大的普及，虽然我们也付出了一些代价。

黄：好感慨，因为一座桥，所有人连接在了一起。

钟：对。其实不单单是“三条桥保卫战”，一直到现在，我们都在跟这些破坏廊桥的行为抗争。现在最典型的是防洪堤的建设，2009年，以防洪

● 和大多数廊桥紧挨着村头村尾不同，三条桥藏在山中，被泰顺作家陈圣格称作“世界上最孤独的廊桥”。这是钟晓波，也是很多泰顺人最钟爱的一座廊桥。人们保卫它，就是保卫泰顺廊桥之美，保卫心中所爱。（上图）摄影/钟晓波

● 春节，人们挑着行李，带着家人，走过三条桥回家过年。（下图）摄影/钟晓波

的名义建造防洪堤，把天然的溪滩做成水泥的堤坝，这是非常短视、愚蠢的行为。昨天我们去雅阳镇的路上，左手边是一片很开阔的田园，田园中间，一条自然溪流流过，有什么必要建造堤坝呢？完全没必要，纯粹是为了做工程。

黄：如果泰顺今天有千百条溪流自然流淌，还需要推广旅游吗？

钟：现在90%的溪流都被破坏了，要么建水电站，要么做防洪堤。防洪堤最开始出现，是在筱村镇的文重桥、文兴桥，尤其是文重桥，原来桥两头的自然溪滩很漂亮，河床里的石滩起起伏伏，两岸的小树林幽深静谧。但有一天，自然溪滩被人造河堤替代，树林被砍掉，上面建起了很多房子。还有我老家附近，战州永庆桥，摄影师周咸俊老师曾经拍过一张非常漂亮的照片，在一片郁郁葱葱的森林里，突然横出一座廊桥，廊桥边的溪滩上，到处是几十、几百年的大树。但有一天，我们再去拍照时，溪滩边

● 早期，钟晓波（右二）经常为来泰顺探秘的旅行者当义务导游，这是在北涧桥前。
照片提供/钟晓波

的大树全被砍了，取而代之的，是像墙壁一样的堤坝。

黄：桥、水、河滩、河滩边的树林，树林边的村庄、古道，这才是完整的廊桥，现在只剩一座桥。

钟：以前希望廊桥被人知道，现在名气大了，也带来一些不好的东西。被网友公认为“世界最美廊桥”的北涧桥，从2005年开始，相关部门计划在北涧桥周围做一个“廊桥文化园”。他们觉得以前的石板古道太难走，下雨湿滑，想把它挖掉，改成平整的游步道。又把北涧桥前面原本是溪水潺潺的天然碇步给拆掉，再建一个新的人工碇步。

我们当时强烈反对，也像“三条桥保卫战”一样，通过我们的网站呼吁大家一起关注。但这个工程是重大项目，阻止不了。过程中，项目方也找到我们协商，希望能改进方案。最后，大部分古道保住了，但原来那条碇步和石板桥再也没有了。

我有一张北涧桥的照片，前景是一大片农田里的紫云英，春天花开时，粉蓝粉蓝的。但现在，那片紫云英的田野被改成了停车场，原本要做成演艺广场，现在变成一片空地。

❹

黄：你性格这么温和，但这些事情，全是一个斗士才能做的。

钟：没办法，虽然我自己，我们的朋友，都是善良、纯真，甚至有点老实巴交的，但当你看到廊桥周边的环境就这么被破坏了，你还能温柔下去吗？

古廊桥不只泰顺才有，浙南的庆元、景宁，闽东的寿宁、屏南、周宁，闽北的政和，都有。我们的“泰顺廊桥网”也影响了这些周边地区，网友们会相互鼓舞，对方的廊桥受到威胁、破坏，互相也会声援。

寿宁有座长濑溪桥，还有座张坑桥，这两座廊桥都在一个电站的库区范围内，这个电站比三条桥水电站的级别还要高，是省重点工程。在他们限定时间还没到的时候就蓄水了，下游的大坝拦起来后，长濑溪桥泡在水里，整个就垮了。但上游还有张坑桥，我们得到这个消息后，马上组织了一个很大的队伍去和当地人一起护桥，要保护我们共同的文化遗产。

这样的例子很多很多，保护廊桥的过程里，看上去有很多矛盾、冲突，但更多的，还是对廊桥文化价值的传承和挖掘。

我们通过第一次的图片展览，结识了那么多国内外的廊桥专家，以及地方上的能人志士，大家一起为廊桥做了很多工作。在吴松弟、刘杰这些有国际高度的专家的牵头下，政府部门在闽浙几个县轮流召开了“中国廊桥国际学术研讨会”，“泰顺廊桥网”参与了协办和媒体工作。通过这个会议平台，我们又聚集了更多国际上有影响力的专家，进而去推进廊桥申遗的工作。前面说，廊桥在浙南、闽东都有，所以也是这几个地方一起申遗。而这个国际学术研讨会，每两年一次，在有木拱廊桥的几个县轮流举办，目前已经办到第七届。

所有这些，都让廊桥的研究从民间爱好的角度上升到学术高度，在吴松弟和刘杰的牵线搭桥下，哈佛大学东亚系的包弼德教授也参与进来，并吸引了联合国教科文组织专家的目光聚焦到廊桥上，这是以前从来没有过的。成果也非常显著，吴松弟和刘杰，联合上百位国内外专家、学者，在2006—2008年，对泰顺的角角落落都进行了国际考察，当时吴松弟的一个博士生——祁刚老师，至今还在泰顺做田野调查，甚至为了方便研究泰顺，到了温州大学工作。

通过这些事，我们也得到了更多支持，包括很多政府机关里的人。后来我被推选为政协委员，通过这个平台，最初专家呼吁，我们民间发起，各界推动，县市政府合力，将《温州市泰顺廊桥保护条例》（以下简称《条例》）正式立法并实施，这是中国第一部真正的地方法律法规。

黄：这部《条例》是在什么环境下立法成功的？

钟：2016年，莫兰蒂台风冲毁了薛宅桥、文兴桥、文重桥三座国保廊桥。我是整个事件的亲历者，至今历历在目。

当时正好是中秋节，我和很多温州朋友开车回泰顺老家。一路下大雨，车上的小朋友说，从来没见过这么大的雨。果然，还没到泗溪大桥，朋友就来电话让我们赶紧回头，前面的隧道塌方，进水了。我们赶紧掉头，本来可以撤到更高的地方去，但想到泗溪几座廊桥的安危，毫不犹豫地把车开到了北涧桥对面的"老景房"农家乐。眼看着北涧桥下的河水水位越来越高，没多久，洪水汪洋一片，北涧桥随时有可能被淹没。想到这些年和廊桥的缘分，不能眼睁睁看着北涧桥在眼皮底下被冲走吧？心中一直默念、祈祷。幸好，雨水渐渐小了，洪峰没有再往上涨，如果大雨再持续十分钟，后果不堪设想。

但不幸的是，廊桥学会的微信群里先后传来了薛宅桥、文重桥、文兴桥被冲毁的噩耗。最初是三魁镇的薛宅桥传来噩耗，时间是中午11:58。看到薛宅桥被洪水冲走的视频，我简直不敢相信是真的，赶紧打电话给文物专家季海波求证，还没讲几句，平时一贯坚强乐观的海波在电话里就哽咽了起来，我也跟着痛哭了起来……

很快，12:20，筱村镇又传来消息，文重桥被冲走了。13:30，文兴桥也倒下了……

当时整个泰顺的朋友圈，真的是哭声一片。前些年，廊桥也遭受过各种破坏性行为，但从来没经历过这样的灾难和变故，三座身边的廊桥就这么被洪水冲走了。

痛定思痛，我们第一时间配合政府部门发起了搜救三座国保廊桥主要构件的倡议。其实民间早在我们发出倡议之前，已经自发地投入构件的抢捞中，也第一时间在民间发起了"重修国保廊桥，重建家园"的捐款倡议。在众人的努力下，经由几位木匠师傅之手，这三座廊桥又重新回到了我们身边。借由这段意外，《条例》得以通过。

对我来说，从当时做个人网站走到现在，有点像是无心插柳。这二十多年，虽然本职工作换了好几个地方，但廊桥的这份"业余工作"，已经成为我一辈子的事业。

黄：你现在还在单位上班吗？

钟：对啊。我原来在泰顺电信，后来到了温州联通。还要靠这份工资养家糊口，才能继续去做廊桥的公益事业。

2013年，我曾经回泰顺联通任职总经理助理，也借此继续深入廊桥。当年也在吴松弟和刘杰的帮助下，去美国参加第二届"全美廊桥研讨会"，我们是中国唯一受邀的民间组织。那次也像当年在杭州、上海的展览一样，把泰顺的廊桥重新做了梳理和展示。我们做了学术讨论、主题报告，带了我们做的《廊桥》杂志去和大家交流，也把十五座国保廊桥模型带过去展览……所有这些，让泰顺廊桥在美国廊桥爱好

● 在2013年6月份召开的第二届美国廊桥研讨会上，温州市廊桥文化学会会长钟晓波与俄亥俄州历史桥梁协会会长大卫签订地方文化交流意向书现场。照片提供/钟晓波

者心里激起了不小的波澜。

其实，美国的廊桥数量也很多，分布也广。但廊桥是两种文明的产物，我们的廊桥是农耕文明，他们的是工业文明，他们的廊桥注重实用性，是乡村的“公路”，能通汽车，甚至通火车。我以为中国对廊桥的保护做得非常好，廊桥爱好者和研究者也非常多，去了美国才发现，他们做得很专业，有值得我们学习的地方，包括新科技手段在廊桥保护工作上的运用。

黄：我们主要是起点太低了。

钟：对，我们起步很晚。他们对廊桥文化的重视也值得我们学习。俄亥俄州有一个普雷布尔县，有专门的廊桥报刊、和廊桥有关的旅游节，这个县的标记就是廊桥。那次回来，我们让北涧桥跟俄亥俄州的罗伯特廊桥缔结为姊妹桥，促进两地民间文化交流。

在那之前，我们成立了温州市廊桥文化学会，我被推选为首任会长；因为要解决廊桥学会的运营经费，又把泰顺人在温州的商会组建起来，成立了泰商发展联合会。

现在，我们跟很多公益机构合力在推“廊桥出海”这个活动，想利用公益的力量，把廊桥捐建到海外去，以此进行广泛的国际传播，并推动廊桥申遗工作。

廊桥申遗，从我们提出开始，2009年被列入《急需保护的非物质文化遗产名录》，2012年被列入《中国世界文化遗产预备名单》，十几年过去了，效果不是很好，因为涉及浙江、福建两省七县联合申遗，单从我们民间推动和个别县努力，效果很差。“廊桥出海”项目真正做起来之后，发现难度太大了，涉及方方面面的协调，特别是涉外的一些工作。2017年，意大利有位教授在福州大学土木工程学院做院长，也想在他的牵头和支持下，把中国的廊桥建到威尼斯去。

黄： 威尼斯多适合呀！

钟： 非常适合。但欧洲的法律法规，对我们传统的建造方式和流程完全不认同，一谈就碰到瓶颈，因为我们的传统木匠，连图纸都没有，连传承人被认同的资质都没有！而这，正是我们独特的传统，但到国外去，不会跟你讲这些。

黄： 它是两套体系。

钟： 对，后来又找到刘杰老师，上海交大帮我们组建了一个团队，融合现代木结构的工程标准优化方案，但县里专家又不认同，说这不是泰顺传统的东西……

黄： 像个死循环。一座廊桥，需要一千个部件组合而成，做成一件和廊桥有关的事，也需要走上一千个环节才能抵达呀！

钟： 还好，也有一千多个人，或者更多人，因为廊桥而走到一起。

5

黄： 你今年四十六岁，一半的生命都用在廊桥上了。

钟： 这是我愿意做的事，做得蛮开心，也有很多收获。这种收获，不是你赚多少钱能带来的，在带给人正能量的同时，又能让廊桥得到更好的保护，将人类留下来的遗产更好地留给下一代。

而生活中，我和爱人也因为廊桥而结缘，她现在在温州泰顺商会做专职工作。包括我们的两个孩子，大孩子叫钟桥，钟情于廊桥的意思，小女儿小名叫小桥宝，都跟桥有关。虽然辛苦，但廊桥带给我们的快乐，远远多于物质上所获。

黄： 小时候想逃离家乡，如今二十多年过去，也走了那么多地方，现在怎么看泰顺？

钟： 小时候很努力地爬过一个山头，看到前面除了山还是山，很绝望。那时候就想，长大了一定要走出大山，去外面的世界看看。真正走出去后，发现内心还是喜欢大山。泰顺很安静，城市节奏太快，回到泰顺就能让人放松下来，虽然在泰顺也一天到晚都很忙，但心里很静。我们有几个在外地打拼的泰顺朋友，一起组了个群，就叫“梦里的家乡”，常约着一起回到泰顺，看看廊桥。每个人都有自己的家乡，只有梦里的家乡才能让你静下来。

* 私家推荐（钟晓波）

① **文兴桥—文重桥—北涧桥—溪东桥—薛宅桥—刘宅桥—永庆桥—三条桥—毓文桥**（驾车+徒步）

这是比较核心的一条廊桥之路，如果是从温州过来，在筱村下高速，一下来就能看到文兴桥、文重桥。然后往南，前往泗溪镇被称为“世界最美廊桥”的北涧桥、溪东桥，进而往西南方向，去看三魁镇的薛宅桥、刘宅桥、永庆桥。如果还有兴致，就从这里往县城方向，途经垟溪和洲岭的三条桥、毓文桥。毓文桥再往西，就是福建了。

② **旗峰桥—温垟桥—北洋桥—郑岙桥**（驾车+徒步）

如果想看更隐秘的乡间廊桥，我会推荐翁山。历史上，翁山一直文风兴盛，但这里是泰顺海拔最高的山乡，山高、路远、多悬崖绝壁，也因此，一些深沟里藏着很多人迹罕至的廊桥，比如旗峰桥、温垟桥、北洋桥。比较起来，这是我个人更为推荐的“野廊桥之旅”。

董直机&曾家快：廊桥营造技艺传承

周华诚

廊桥，是连接此岸与彼岸的道路，也是连接人与人的道路，更是连接过去的人与未来的人的道路。

1.

董直机的名字被人发现的时候，已经很晚了，晚到他自己都快把造桥这件事忘掉了。很久很久以后，有人在一座老桥上发现了痕迹。

那是在岭北的上垟村，一座叫泰福桥的石拱木平梁廊桥上。为什么叫泰福桥呢，因为这座桥是从泰顺通往福建的重要交通桥梁。2003年，几位文物工作者到上垟村考察，发现泰福廊桥的梁上，留有“绳墨董直机”字样。

“绳墨”，也就是廊桥的设计师、建造师。这座桥建于1948年，当时建这座桥的师傅如果年轻，说不定尚在人世。于是，文保工作者薛一泉等人立即改变行程，在岭北一带寻找打听，想要寻找这位叫董直机的廊桥建造者。

在浙南闽东山区，廊桥的种类繁多，有石拱廊桥、木平梁廊桥、伸臂叠梁式廊桥、八字撑木平梁廊桥、木拱廊桥等样式。在所有的廊桥中，木拱廊桥的营造技艺最为复杂，是世界桥梁史上的绝品，也是我国古桥梁研究的活化石。木拱廊桥营造技艺，被联合国教科文组织列入《急需保护的非物质文化遗产名录》。

木拱廊桥的营造技艺，在以往的资料记载中并不多见，尤其是对营造技艺的“老司”（泰顺当地方言，即“老师傅”的尊称），资料更少。专家们曾多次对浙南闽东现存的木拱古廊桥考察调研，发现大多数古廊桥出自福建匠师之手。例如，泰顺的薛宅桥造桥主墨，是福建寿宁巧匠徐元良。景宁的梅崇桥梁上，也有墨书题记，显示匠人们来自福建：“福建省福宁府宁德县主墨木匠李正满、张成德、张新佑、张成官。副墨木匠祖观、祖极、祖发、张茂江、张成号、张成功、昊天良。”

而今，木拱廊桥的技艺还有人传承吗？在泰顺还能找到硕果仅存的老师傅吗？历史上这些民间造桥大师，难道只能隐藏于广袤的山村，悄无声息地存在，又悄无声息地湮没于时间的荒野吗？

谁都说不清。

从20世纪90年代中期开始，许多文物工作者数度寻找，结果都令人失望。物比人长久。虽然廊桥还在，但是，恐怕这世上，已没有人能再以传统技法造出一座新的廊桥来了。

泰福桥梁上新发现的“绳墨董直机”字样，无异于一针兴奋剂，让文物工作者精神大振。薛一泉约上县政协文史委的同志一起，沿岭北古道进村入户，去寻访传说中的董师傅。

在泰顺，宛如天工图腾一般的廊桥仍存在于各处，与一个一个村庄聚落里人们的精神世界相连。

这一条岭北古道，一头可经岭北到达泰顺，另一头一直延伸至福建境内，古道两旁古树名木甚多，山林郁郁葱葱，路边流水潺潺。岭北溪绕了个半圆形穿过上垟、板场、村尾等村落，溪回路转，民居沿水分布，错落有致，宁静恬然。

在云深之处，一个叫村尾的村庄，村民把陌生的客人带到古树掩映的石桌前，指着另一位老者说：“你们要找的‘老董司’，就是他了。”

2.

董直机没有想到，在自己的晚年，还有人因为造桥往事来寻找他。

被人“找到”的那一天，他已七十九岁，但是看起来仍精神矍铄，神采奕奕。

了解泰福桥的建造情况后，来者忐忑地询问老人能否建造编梁木拱桥。

● 董直机正在为建造同乐桥做准备。摄影/薛一泉

老人淡定表示，自己完全掌握此门技艺，并且，如今依然把造一座编梁木拱廊桥视为毕生梦想。

十三岁那年，少年董直机在闽东寿宁亲戚家中做客。当时一个叫杨梅洲的地方正在修建一座廊桥，董直机慕名前去观望。在那里，他看到一位七十多岁的建桥师傅，用木滑轮和架子将一根根重达千斤的横梁架到半空中。

好奇心驱使着董直机，一连十多天都跑到工地上观看。董直机聪明伶俐，也很勤快，就在工地上帮师傅递工具打下手。造桥师傅喜欢他，教了他一些造桥的技术，董直机把建桥过程、工序都牢牢记在了心中。从那时起，他的心里就孕育着一个念头，将来也要建一座漂亮的廊桥。

为了实现心中的愿望，十七岁那年，董直机开始跟着师傅学做木匠，跟着师傅苦干三年出师，始终没有机会修建廊桥。每当他说起建造廊桥的想法时，村民们谁都不相信，一个年纪轻轻的小木匠能建廊桥。老一辈的木工师傅则对他的想法不屑一顾："我们都难以实现，你还有这个能耐？"

一个木匠安稳的日常，是晨昏之间挑着家什担子，行走在漫长的村庄古道上，从一户人家到另一户人家。每一个东家都有不同的造屋木工活要做，做完那些活可能要十天半个月。木匠把上家的活做完，再到下一家，开始同样的历程。

董直机也是如此，他把自己造廊桥的愿望埋在心底。他早已能独立担当木构大屋民宅的建造，并承揽此类村民需要的木工活以谋取生计。直到二十四岁那年，离村尾村不远的上垟村要建廊桥，找遍了附近的木匠，没有一个人能胜任这份工作。于是，有人找到了董直机。

接到建造木廊桥的邀请后，董直机激动得一夜没有睡好。一座廊桥跨于山水之间，木匠手中简单一根墨斗线，弹起来却很难。差之毫厘，失之千里，建造廊桥失败的在历史上不乏其人。一次建桥的失败，足以使一个木匠一生都抬不起头来，他的技艺不再能得到乡人的信任，一生的职业生涯将毁于一旦。还有什么比这更糟糕的事呢？因此，很多木匠不会轻易去挑战那些高难度的动作。但是，对年轻的董直机来说，这些困扰都不存在，他等待这个机会已经很久了。

一座廊桥，终于如他所愿地出现在上垟村。那座桥造型典雅，身姿优美。在1948年的泰顺山野之间，一座新建的廊桥得到人们赞许的目光。

泰福桥的建造过程，有非常丰富的民俗程序，选栋梁、择吉、祭木工神、祭梁神、抛梁等，每一个程序都充满了人们对吉祥和福祉的期望，也寄托了乡民们对美好生活的追求。

泰福桥建成了，董直机还是留下了些许遗憾。原本的修建计划里，廊桥有两层廊檐，桥屋有十一间。可是当时为了减少开支，首事中途改变了修建计划，将桥檐改成了一层，十一间的桥屋改成了九间，这在一定程度上削减了廊桥的气势。

而最为遗憾的是，泰福廊桥的廊屋是修在石跨梁上的，并非悬空而架的木架梁。他为没能亲手体验搭建木廊桥的跨梁而耿耿于怀。

此后的数十年，董直机再也没有机会展示他的技艺。雪藏了绝世武功的大侠，就这样在平凡的日常里蛰伏下来。无数普普通通的日子，细密的生活掩盖在他的身上，将他从一个蓬勃的青年装扮成一个寻常的老头。

人生里那些高光的日子，什么时候才会被重新打开，绽放光芒？

当七十九岁的董直机被工作人员找到的时候，他内心的火焰依然被点燃了。彼时，这位唯一健在的、尚能建造木拱廊桥的民间匠人，把来人领到村尾村村口。

那里正是千年古道岭北方向的道口，苍松掩映，风景极佳。他从小就听人说，这里以前有座明代的同乐桥，清末时毁于洪水。原先还有一块记载建桥之事的石碑，现已无处可寻。桥毁后，村尾村也一直无力集资重建廊桥。

站在河边，“老董司”说，要是能在这里重新建造一座同乐桥，那就此生无憾了。

3.

一把斧头，在曾家快手上居然耍出花来。

家快拎的是一把十斤重的大铁斧。他用这么重的一把斧头干啥，一般人想不到。家快拿着十斤重的斧头就像拿着一把铅笔刀，丝毫不显得笨拙和吃力，他在摄像机前运斤如风，手起斧落，唰唰唰，唰唰唰，鸡蛋壳纷纷掉落下来。不一会儿，一颗光洁娇嫩的鸡蛋就剥好了，居然，丝毫未损。

也正是那一次，家快在中央电视台《状元360行》节目里赢得了一个“斧头王”的称号。

不，家快不是卖茶叶蛋的，他是个木匠。不仅他是个木匠，他家三代都是木匠。这么说吧，这就是木匠世家。只是跟一般做家具、农具的小木匠不同，家快是大木匠，是上梁装架、造房子的人。他从十八岁开始，就跟人学做大木匠了。

学木匠的人，最初的想法大多是一样的，就是学一门手艺，好养活自己，也养活家人。是从什么时候开始对廊桥感兴趣的呢，家快都有点记不清了。反正打小，他就生活在廊桥边，每天来来回回，都要走过那座北涧桥。

北涧桥，对，就是那座又高又大的“世界最美廊桥”，家快好奇这桥是怎么架到河上去的。这好奇一直伴随着他从少年长成青年。

二十九岁，他看到很多游客来看廊桥，也有很多专家教授来参观廊桥，他也更感兴趣了，就开始琢磨廊桥。他把北涧桥的每一个部件都画了下来。然后，又用一堆小棍子，依样画葫芦地搭了一座一米多长的廊桥模型。虽然只是模型，但桥的每一个构件、每一个穿插，都依照原样，丝毫不含糊，整座桥都用传统的榫卯结构来完成。

这个模型做出来，很多人看到都愣住了，原来还能把廊桥的模型建得这么好啊！

能建廊桥，家快却没有用武之地，哪一条溪，哪一道路，需要一座廊桥呢？后来巧了，有个单位，说愿意出资九千元，让家快去建一座真正的木拱廊桥。九千元，那时也不是小数字，家快没有辜负人家的信任，果真用这笔钱建了一座小廊桥出来。

廊桥建在不远的南溪上，溪不宽，桥也不长，十米多长，七米高，三米多宽，充其量，只是一座袖珍的廊桥吧。但那也是家快负责建造的第一座廊桥——对家快来说，他需要一个舞台，能让他把廊桥架起来。现在，他终于建起一座真正的廊桥了。

建廊桥，不是一件容易的事情。很多人都觉得这门技术已经失传了。建廊桥的人以前叫作“绳墨”或是“主墨”，绳墨或主墨的名字都会写在桥的重要位置上。那些年里，家快也不知道谁会这门技术的。他也是很多年后，才认识廊桥建造大师董直机。或者说，要很多年后，董直机才会被人们从乡野之间挖掘出来。

在建好第一座廊桥的两年后，他终于又有了一个机会，衢州一个叫黄土岭的村庄，为了发展乡村旅游，想造一座木拱廊桥作为景观，他们看到新闻，找到了家快。两个月时间，家快就完成了这座桥总共一千五百多个木构件的制作，然后，用车运到当地，组装。那么多的构件，大到桥苗，小到椽子，就两个人爬上爬下，安装完成之后，没有多出一个构件，也没有缺少一个构件。一座廊桥，造价十多万元，清清秀秀地就在黄土岭的山野之间架起来了。

2004年，曾家快正式拜董直机为师。

● 从2004年9月16日的伐木择吉，到2005年12月17日凌晨3点的圆桥，同乐桥终于建造完成。摄影/薛一泉

4.

与此同时，曾家快的师父董直机心心念念了一辈子的同乐桥，也于2004年9月开始建造。

一座桥，是老人家一生的夙愿。

建一座廊桥所需的费用不是一个小数目。筹措几十万元资金，对于一个经济落后又没有集体经济收入的小山村来讲，的确困难重重。

也因此，同乐桥的修建工作，比原来想象的还要困难得多。

2004年8月，在村尾村村主任潘长松的带领下，村委会成员负责筹资，董直机师傅负责廊桥建造技术，众人准备木材，正式动工重建同乐桥。因资金的短缺，同乐桥造了两年多时间才竣工。

2006年12月16日晚，村尾村人杀猪宰羊，备下丰盛菜肴，圆桌从村头摆到村尾，为第二天将举行的圆桥仪式做准备。

次日上午9点多，在两位徒弟的搀扶下，董直机以一身木匠装束出现，深色的大衣长裤，前身依然围着干活时用的围裙，右手握着斧头，左手拿着尺子，缓缓走向同乐桥。

圆桥的时候，桥面上还有一块木板空缺，会在圆桥这一天由绳墨师傅钉上。董直机在徒弟的帮助下，把木板钉在空缺处，此时鼓乐鞭炮齐鸣，同乐桥终于圆满落成。这座桥所在的位置，村民们俗称“锁匙头”，是岭北溪自西向东的一处狭窄水口，桥两岸巨石削立，古木苍劲，风景绝美。

董直机严格按照传统民俗的要求，来安排每项建筑流程与仪式，这给不少文物和民俗专家留下了珍贵的一手资料。这座同乐桥，后来被定位为1949年之后第一座以传统技艺建造的编梁木拱桥。

2009年6月，董直机入选第三批国家级非遗传承人名单。

三个月后，由浙江省和福建省联合申报的“中国木拱桥传统营造技艺”，在联合国教科文组织相关会议上被正式批准列入《急需保护的非物质文化遗产名录》。

“营造这些桥梁（木拱桥）的传统设计与实践，融合了木材的应用、传统建筑工具、技艺、核心编梁技术和榫卯接合，以及一个有经验的工匠对不同环境和必要结构力学的了解……这种传统的衰落缘于最近几年的快速城市化和现有建筑空间的不足，这些原因结合起来，威胁到了这项技艺的传承与生存。”

老董司终于有了更多建桥的机会，通过廊桥的建造，老董司带出了好几个徒弟。

其中，就包括“斧头王”曾家快。

曾家快是很执着的人，认定做一件事，就坚持不懈做好——从一开始钻研木拱廊桥的建造技巧，他做的第一件事就是，把泰顺的每座国保古廊桥走一遍，测量桥的各项数据，包括桥长、桥高、主梁，甚至每一块主要木构件的厚度。他还把这些数据一一整理，绘制成图纸，有的还做成模型。

十几年前，交通还不是很便利，曾家快几乎是靠着两条腿遍访山中古廊桥。

廊桥营造技艺的传承，要靠切实的营造过程来实现。从绳墨董直机被人发现，到多人拜师从艺，再到营造团队的成熟；通过古廊桥的修复、廊桥的新造，让传统技艺得到传承，让文物得以复活，泰顺创造了一个很好的先例。

在同乐桥的营造中，董直机将木拱桥传统营造技艺传授给六个徒弟，带出了四个专业从事木拱桥的团队，其中省级传承人两人、市级传承人三人、县级传承人七人。

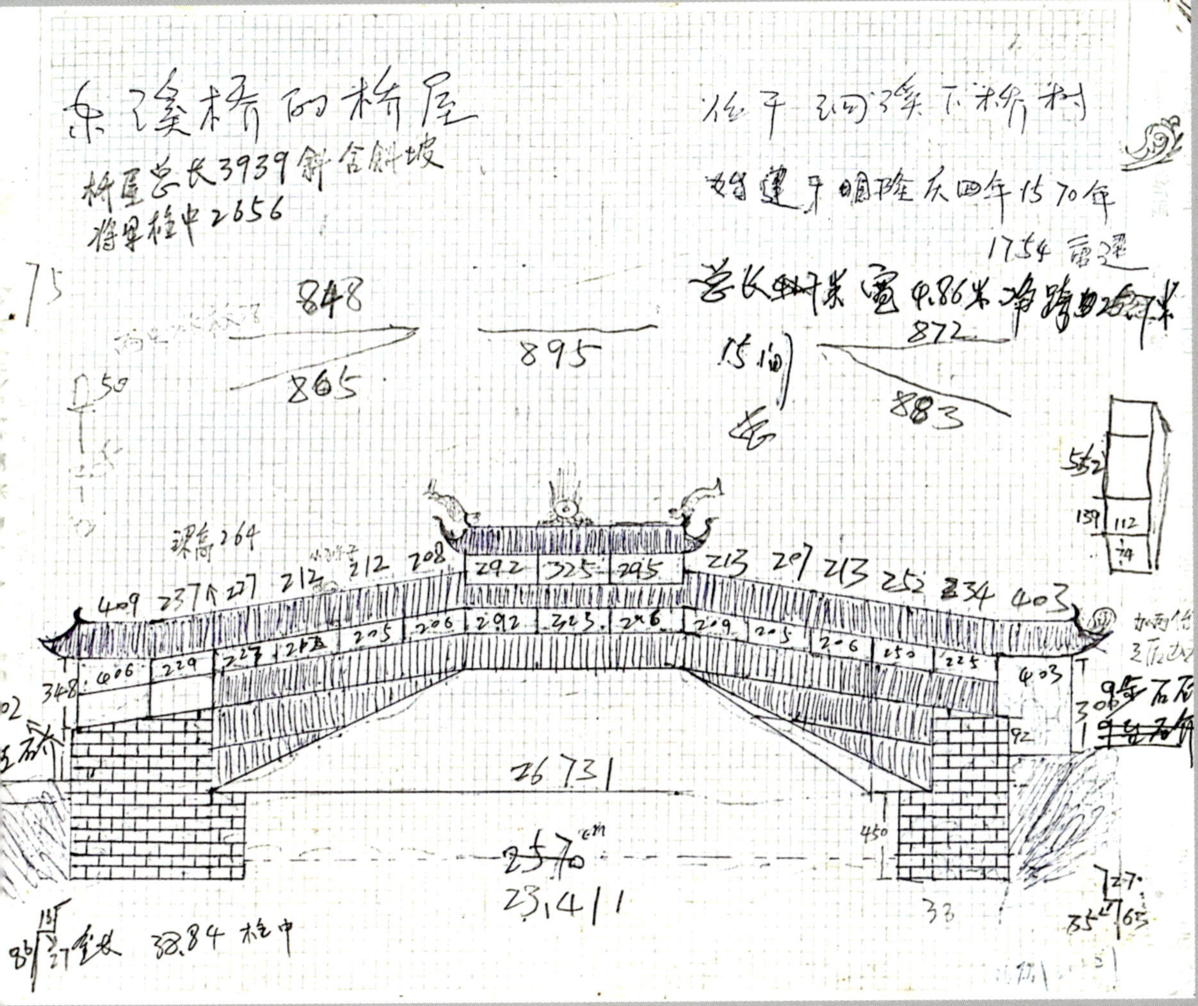

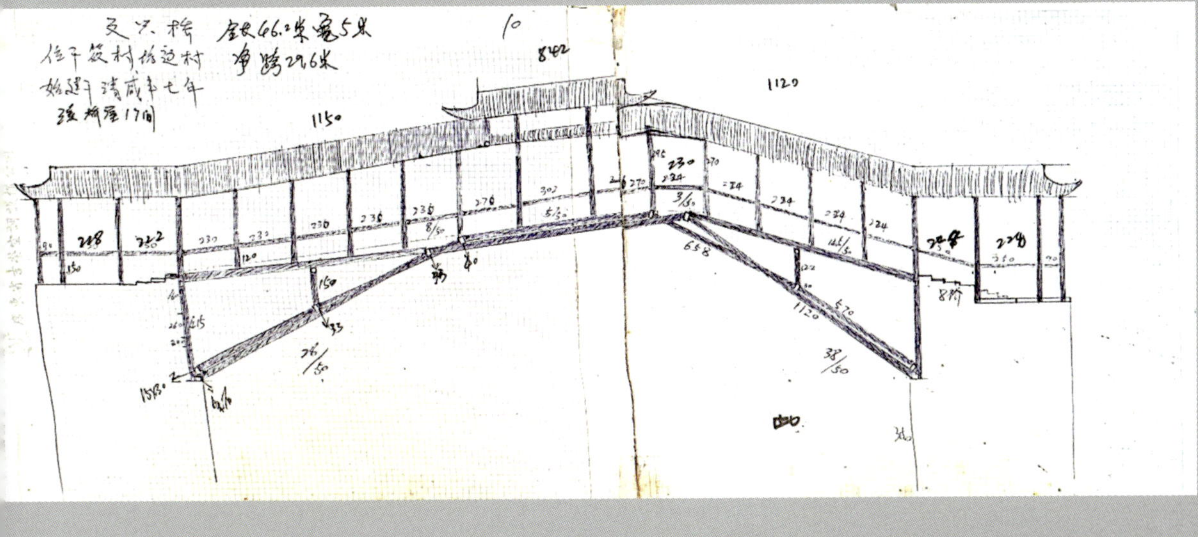

● 传统艺人不会绘图，而今绘图的人不会动手建造，但曾家快打通了两头。二十多年前，他一个人跑遍泰顺所有国保廊桥，亲自测绘每座廊桥的数据。2016年，莫兰蒂台风冲毁了其中三座，借助他的测绘图，三座廊桥重新屹立河上。绘图/曾家快

● 在有机会建造真正的廊桥前，曾家快做了所有国保廊桥的模型，途中为了用钱，卖掉了一些，现在家里只剩下不多的几座。摄影/曾曈

其中，曾家快就是这些徒弟中的代表。

一座廊桥，又一座廊桥，后来曾家快一共负责建造了十几座廊桥。最远的一座，在中国台湾地区的南投。

很多人都以为，建造廊桥一定要在现场，其实不然。大多数的构件都可以在别的地方完成，然后搬运过去搭建。但是，作为绳墨老司来说，尺寸可不能弄错。

2021年6月中旬，我在泗溪镇曾家快的家中见到他，位于镇街边的曾家一楼已完全变成一个工作间，地上墙角堆放着各种机器和木料。墙壁上挂着照片，那是曾家快参与电视台录制时获得“斧头王”称号的情景。曾家快说，这都不足为奇，如果让你练上几个月，你也可以用斧头把鸡蛋剥得很好。只不过，剥鸡蛋到底只是一个噱头，造廊桥才是自己的人生使命。

从一个初中文凭的普通木匠，到修造廊桥的绳墨老司，家快也可谓是当下的“绳墨传奇”。

5.

曾家快后来也成了“老司”。

对曾家快而言，对他技艺最大的考验，就是修复2016年被洪水冲毁的文兴桥。这座古老的廊桥有着奇特的结构，桥身一边高一边低，倾斜的结构使它成为独特的存在。

薛宅桥、文重桥、文兴桥三座国宝廊桥被洪水冲走的一小时内，泰顺县文物部门立即通过微信平台，向社会发布了《关于收集被毁廊桥木构件的紧急通告》，呼吁广大干部群众在确保自身安全的前提下，收集被洪水冲走的廊桥木构件。

两天后，三座廊桥95%以上的大构件、85%以上的中构件被找回。

2016年11月底，国家文物局批复立项，泰顺十座国保廊桥（包括被冲垮的三座）列入了修缮范围。国家文物局在批复文件中对廊桥修复提出明确要求：要遵循不改变文物原状、最小干预等文物保护原则，保护文物及其历史环境的真实性和完整性；明确水道整治、建筑拆除、路面修整的具体范围，确保文物本体与周边景观风貌相协调。

2017年3月25日，三座国保廊桥同时启动修复，分别由三位技艺精湛的非遗传承人主要负责桥的本体部分——郑昌贵负责“归位整理”一千多个木构件组成的薛宅桥，曾家快负责“归位整理”一千两百多个木构件组成的文兴桥，赖永斌则负责八百多个木构件组成的文重桥。

救桥大如天。

曾家快把手头所有别的事都暂停下来，全力投入文兴桥的修复工作。

修复这样一座结构奇特的古廊桥，技术难度大为增加。此外，廊桥原木构件保存着较多历史信息，特别是廊桥各构件的榫卯关系体现了古代工艺水准，要尽力做到修旧如旧。

这一点，也是季海波等人强烈坚持的——如果廊桥的原木构件更换过多，就失去文物的真实性和完整性。

所以，文兴桥的修复，要尽可能利用重新寻回的原木构件，对残损木构件进行加固处理。但有些时候，曾家快更要对一座桥的安全性负责。如果经过判断，某些重要部件已经损坏，无法继续使用，他会要求更换。有的部件虽有损坏，但若用“墩接”和“巴掌榫”的方式，替换一段新料再做加固，还能继续承担重任的话，也尽量对原构件进行保留。

最难的是，如何保证重修后的文兴桥仍然是一边高一边低的样子。

● 这是曾家快建造的第一座廊桥，全世界最小的廊桥。从这里开始，他走向了越来越广阔的天地。摄影/曾曈

按照正确的比例造一座完美的廊桥，对已经成功完成十几座廊桥建造的曾家快来说不成问题。但是，要按照前人的无心之举，复刻出一座一模一样的廊桥，难度无疑大了许多倍。

如同顽童率性在白纸上涂抹一笔，天真烂漫，一挥而就。别人想要复刻出那一笔来，却需精雕细琢，一丝不苟。

这时候，季海波的较真精神，在这里体现得淋漓尽致。他找出了多年前拍下的许多照片，站在同样的位置，以同样的镜头、角度，拍下同样的照片进行比对，来确认修复后的文兴桥与原桥无异。

为了这样的锱铢必较，季海波与曾家快甚至还一次次争论，双方从各不相让，再到说服一方，达成共识。曾家快面对一千两百个木构件，对每一块构件进行登记整理，再对它们做出客观的评估，让每块历经沧桑的木料都能各安使命。

桥上最重要的受力部位三节苗、五节苗，老构件存在极大的安全隐患，专家们终于同意更换成新的木料。这些木料隐藏在云海和深山里，曾家快对这些柳杉木的要求很高，材料必须来自五十年以上的树木。乡民们与曾家快一起，从深山里采伐树材，再按照老料一模一样的数据斫成构件。

木屑纷飞，汗水滴落。光阴流逝，古桥重生。

2017年8月17日，文兴桥上梁。

2017年12月16日，文兴桥圆桥。

九十三岁的绳墨老董司已无法行走。他只能坐在轮椅上移动，再也无法去往更远的地方了。在修复文兴桥的过程中，曾家快也好几次来看望师父。

也许，师父一生对于廊桥的执着精神，正是他源源不断的动力所在。

2018年4月19日下午，绳墨老董司故去，享年九十四岁。

人们说，老董司在生命即将走到尽头的时候，给大家留下的最后一句话是“相见无期”。而人们更愿意相信，老董司一辈子对廊桥的痴情，以及他建桥一生所积的福祉，早已架设好通往天堂的美丽虹桥。

6. 《浙江日报》报道

本报讯（记者 钱祎 王艳琼 县委报道组 陈祥磊）2月23日，中国台湾地区南投县集集镇清水溪上，来自浙江的“泰顺廊桥”举行“圆桥”暨项目交接仪式。这是浙江首次于温州以外兴建的木拱廊桥，也是中国台湾地区首座木拱廊桥，意味着两岸文化交流合作再添新成果。

该桥由浙江省非物质文化遗产保护协会、温州市半屏山两岸旅游经贸文化发展促进会、泰顺县廊桥文化协会共同捐建，总长四十三点五米，桥跨二十八米，桥宽五点五米，采用三重檐结构，两端桥头设亭，完全采用木拱桥传统营造技艺施工建设，历时数月建成。

“建桥材料全部由温州运到南投再搭建组装。整座廊桥以木拱结构为主，桥身以榫卯结构搭建，没有使用一根铁钉。”泰顺县木拱桥传统营造技艺省级传承人曾家快说。

对曾家快来说，这座桥意义不一般。

从筹备到完工，从纸上到落成，曾家快共六次踏上台湾之行。

跟他一起建桥的八位工匠，也都是泰顺人。虽然在台湾时间不长，但大家都对这片土地有着别样的情谊，这期间的点点滴滴，令曾家快难以忘怀。

那时候，曾家快已经对廊桥的营建技艺熟稔于心。也许是二十多岁时

● 建廊桥之余，曾家快喜欢木雕（亲手做了很多，也卖，全国各地的人都专程跑来买），喜欢盆景（养了十多年，工厂和家里到处都是），喜欢石雕（也收藏），他家甚至有一套架子鼓，“那是我弟弟玩的，我不玩，但我如果想玩，也能玩得很好”。他是传统木匠里最有当代艺术家范儿的。摄影/曹曈

多看了廊桥几眼，曾家快的人生就这样被廊桥改变。

每一座后来经他手在大地上呈现的廊桥，都首先在他的心中构建起来。

每一根构件如何架设，如果穿插，一根构件是多少长度，合龙之后是多少宽度，每一个数字都在他的心里。

他是一名桥梁建筑师：成桥在胸。

作为泰顺廊桥营造技艺的传承人之一，曾家快将和他的师父董直机一样，将自己的名字写在高高的桥梁之上——“绳墨：曾家快”。笔墨力透木材，渗入纤维内部。随着时间的推移，一座廊桥将在世间留存一两百年甚至更长时间，绳墨的名字也将随之留在世间跨越漫长的时间。

每一位绳墨都有自己的技艺秘密，在一座廊桥完成组装之后，那些秘密就将永远地封存于廊桥内部。只要不拆开来，人们就不可能轻易地发现。有时候，可能是榫眼的角度与独特的榫卯设计（譬如倒钩型的榫卯）；有时候，可能是一个秘密的架设技巧（中间的某根梁柱居然可以悬空）；有时候，可能是灵机一动的临时应变（绳墨不会把这个秘密透露出来）。总之，这些秘密将被封存起来，直到一两百年之后，在某个特定的机缘下，被打开，被发现，被探讨，被争论，被传播，或者，被怀念。

这是一条漫长的道路，参与其中的人都需要耐心。

所有的构件，每个构件的长度和宽度，其实在架设之前已经确定。它们在木材运抵现场之前就已经被加工制作好。到了现场，只要把每一个部件像积木一样搭建组装起来，然后，就是最关键的一步，合龙。

对泰顺廊桥的绳墨们来说，每一次廊桥的合龙都会让他们心情激动，曾家快这样的“老司”也不例外。泰顺廊桥通常采用“碰撞”合龙，即用木制的升降卷扬机将拱桥两边部件拉起，由绳墨操作，碰撞对接。

据说，以前建廊桥时，合龙错位、部件掉到水里的情况经常发生。绳墨们都听说过那个故事，三魁镇薛宅桥在历史上曾发生过合龙失败而坍圮的状况，构件尽数落入水中，工匠们亦随之落水，也有人受伤。因为合龙是选好时辰的，一旦错过就要另选吉时。而绳墨师傅往往会因为合龙失败，觉得丢面子或不吉利，辞去绳墨位置。

但曾家快对每座廊桥的构建都有足够的信心。

位于中国台湾地区南投县的这座廊桥，也成就了他自己创造的一项纪录——建成的世界木结构单孔跨度最大的木拱廊桥。

现场围观的许多人都说，从来没有见过桥还可以这样造的，也没有见过桥还可以造得这么美的。

每造完一座桥，曾家快都有一种奇特的感受，似乎又有什么东西已经发生了改变。他隐隐相信——只要大地上的桥足够多，那么，世上所有的道路都可以被联通。

* 私家推荐（曾家快）

① **六座编木拱桥：泗溪镇北涧桥和溪东桥、洲岭乡三条桥、筱村镇文兴桥、仙稔乡仙居桥、三魁镇薛宅桥。**

它们最能体现泰顺廊桥的历史和技艺水准。

吴学养&周善灵：一桥永和

周华诚

1. 乡间小路弯弯绕绕，车上导航几次把我带到路穷水尽处。艰难倒车出来，重新踏上另一条路，直到眼前出现一座安静的小村庄。四面森林田野，溪流穿村而过。山谷中间的村庄，暮春的气息里飘荡出隐约的草木香气。

我拨通吴学养的手机，他说在一座桥边等我。“转过几座房子，看到几棵大树，一拐弯能看到一座新的廊桥。”

1981年生的吴学养建造了这座巨大的木拱廊桥。雅阳镇雅阳溪自然村里有两座廊桥。老桥叫普宾桥，建于嘉庆二十五年（1821），那是一座木结构的平梁廊桥，长十三点六米，桥屋宽四点二五米，跨径八点五四米。这座古老的木桥在2006年被列为全国重点文物保护单位。在距离老桥一百多米远的地方，新建成的这座廊桥叫永和桥，建成于2021年。这是一座秀美的三重檐木拱廊桥，宽五米，单孔跨度十二米，桥的两头还各连接着一座两重檐的桥亭，整座廊桥长约四十米，气势宏伟地雄踞于溪涧之上。它与一旁的古老大樟树及远近村庄相映成景。

桥不动，溪水云影在动。

鸟在山间鸣唱，带来时间的消息。

我和年轻的古建与廊桥营造技艺传承人吴学养在桥上相见。他指给我看那些精致的木构件，讲解这座桥与别的廊桥的异同之处；他把一根粗大廊柱的底座推开，那根柱子居然悬空而毫无问题。还有那些来自不同名家的题词悬挂在桥的高处，表达了人们在这座廊桥上赋予的所有美好祝愿。

有老妪满头银发，拄一拐杖，颤颤巍巍来到桥头，抚摸廊柱。“这是我的奶奶，今年刚好一百岁啦。”吴学养说着，上前搀扶老妪。老人家听不懂普通话，但她每天都会出门来走一走，一定会去看一眼古老的普宾桥，也会摸一摸崭新的永和桥。从前，她是老桥头茶亭里的“守桥婆婆”，守护廊桥的同时也给来往行人烧水煮茶。转身之间，晨昏交替，时光不觉就已老去。

溪与山、树与桥、人与自然，仿佛在此形成对话。一座老桥，一座新桥，中间隔着一百多米，也隔着两百年的时光，两座桥仿佛在此完成了某种穿越时空的连接。

在这座偏远的小山村里，前一代人与后一代人，这一代人与下一代人，也仿佛在这条流水潺潺的雅阳溪上，完成了一种精神的传递。

2.

吴学养没有见过的事情很多——他在这座村庄里出现的时候已经很晚了。

普宾桥最为热闹的时光，他当然不曾见过。他把我们带到普宾桥上，那座廊桥的木头地板留下了光滑的痕迹，那是无数行人用脚底磨出的印记。木板上有些地方留下了深浅不一的圆窝，那是面容熟悉的过往挑担客在桥上歇息时，扁担支地受力而磨出的印记。桥头古道青色条石铺地，石头也被两百年间走过的无数行人的脚掌磨得极是光滑。

这条古道上，曾行走过多少人啊。

廊桥南桥头的几间简陋驿站，又在风雨中接纳过多少位疲惫的挑担客。

吴学养从前只是听说，现在看起来地处偏僻的普宾桥，当年曾经无比热闹。这里是方圆几十里的交通枢纽，也是人来人往的物流中心。这条路，便是沟通浙闽两省的桐山大道，福建省的福鼎古称桐山，从浙江省的泰顺县，通往福建省福鼎市，普宾桥便是这条交通要道上的重要节点。用现在的话说，这就是一条国道——国道上的普宾桥，建造时曾得到泰顺、寿宁、桐山、平阳、柘荣等两省五地群众的捐助，因为两省五地的人，都得打这儿过呀。

桥是路的一部分。泰顺山高路远，交通不便，许多货物都得靠双肩挑进挑出，廊桥便是古道上的挑担客歇脚的地方。歇脚的人多了，自然就有了集市，有了交易。农忙一过，桥头搭出戏台，做木偶戏的人在此演出，每天下午和晚上都有戏看，一时之间，热闹不已。

吴学养当然也只是听说，他奶奶当年在这里烧茶给路人免费饮用，所居的茶亭也是群众捐助的，当时建桥的钱还有一部分没用完，工匠们顺手就建了一座双层的木茶亭。那时挑担客真是辛苦，从桐山出发，要一天一夜行程，一百五十里路走完，才能到达罗阳。为了赶路，中途不能有长时间的休息，只能在茶亭和廊桥休憩一时半刻，茶亭有一大碗茶水可饮，自然便已是好事。

那时候，吴学养的爷爷生了病，不能做什么重活，奶奶便在桥头茶亭烧水施茶，给来往行人提供便利。茶水是免费的，为了糊口，奶奶再做些当地小吃九层糕，行人饿了渴了，喝两碗茶，吃几块米糕。货物必须及时送到目的地，挑担客挑一担货物，最少一百斤，从桐山挑到罗阳，大约有五块银圆收入。挑担客干的是长途跋涉的重体力活，生活的艰辛可想而知，也舍不得花费太多，几个小钱填个肚子，歇了歇，力气回到腿脚上，便又重新挑起沉沉担子赶路去了。

免费施茶，维持生计还不够怎么办呢——村民们自有朴素的办法。农历八月收稻谷，奶奶就拿个竹篮子，去附近几个村庄收青谷。那时稻米金贵，田间收割过后遗漏下的稻穗，村民们约定俗成，谁都不拾掇，要特意留给“守桥婆婆”来捡拾。奶奶把土地里遗漏的零星稻穗连同泥巴都扫回

● 吴学养的奶奶在家门口的普宾桥守了一辈子桥，临近一百岁时才“退休”。奶奶今年一百零二岁，终于踏上了孙子建造的廊桥。摄影/钟晓波来，晾晒，清理，把谷子碓成米，把米磨成粉，把米粉炊成九层糕。香香的九层糕，奶奶自己不舍得吃，慰藉了多少艰辛挑担客的辘辘饥肠。

四个男孩、两个女孩，因为养不起，还把其中两个男孩送给别人抱养。就是在这样艰难的处境下，“守桥婆婆”靠着起早贪黑施茶做点心，维持着基本的生活。

大多数时候，奶奶就守着桥，望着桥。你看吧，这座普宾桥上，什么样的行人过客都走过，不仅有商人和挑担客，还有求取功名的士人或江湖游医术士。风雨天气，乞丐在桥上将就过夜；寒冬腊月，官员赶路也会在此借宿。世间的人，谁不艰辛？可都是古道上日夜不息的匆匆过客呀。

奶奶守着桥，望着桥，普宾桥也在守着这家人，望着这家人。

直到有一天，很多人不辞遥远跑来看泰顺的廊桥，也来看雅阳溪的普宾桥，吴学养他们才回过神来——原来自己一辈辈人生活里的廊桥，居然是文物，居然有这么高的价值。

吴学养带我们去看普宾桥，也带我们看古道。现在的古道上啊，人迹罕至，荒草漫道，只有布谷鸟的声音在山谷里传得很远。

3.

吴学养是从什么时候开始做木匠的？那时候，他父亲也是个木匠，很早就出门去谋生了。父亲的木匠活做得好，一直跟着人在寺庙里做活。福鼎、平阳，这些地方都去，人家叫他“吴木匠”。寺庙里的古建活儿细，一做就是两三年。三个寺庙做下来，就是十年过去了。几个寺庙做下来，一辈子就过去了。

吴学养十二岁出了门。小学没有毕业，出去弹棉花、打棉被。弹棉

● 吴学养正在为雅阳林氏家族建一座祠堂，工地就在祠堂边上。摄影/曹曈

花、打棉被是下半年的营生，上半年还得做别的营生，啥活儿都干。1994年，他去了温州机械厂做工。过了两年，又去做印刷厂小工。十七岁去了泗溪，跟着姨父学木匠，做古建。姨父名叫包松庆，今年也九十多岁了，年轻时长年在福建福鼎、浙江泰顺这些地方做寺庙古建。那时候，木匠师傅缺呀，木工很吃香。也没有什么门路，父亲跟姨父说，要不，就让学养跟着你，混口饭吃吧。就这样，吴学养做起了木匠。姨父在东安里头的一个村庄做事，给一个观音阁做藻井。那时候做事情哪有什么机器帮忙，都是全手工的，一个师傅一个藻井做下来，就得花上一年时间。

跟着师傅一起干活，吴学养又给临水宫做起了维修。道观宫庙和廊桥之类的古建筑，维修是很要紧的。一帮师傅一起做，有时三四个人，有时六七个人。以前做事，吴学养记得很清楚，通常都是村里人轮流管饭，也就是说，木匠师傅们吃的都是“百家饭”。吃饭的事，由“首事”张罗。“首事”就是牵头做事的人。明天谁家管饭，后天谁家管饭，首事一桩桩安排好。木匠师傅呢，做木工留下的木屑就留谁家用了。

在北涧桥对面的临水宫维修，“首事”很上心，还派了个村里的老人家，每天晚上来给吴学养他们讲故事。跟北涧桥廊桥相关的传说故事，跟临水宫和这个村庄相关的风土人情，神话传说、民间故事，一件一件讲过来。时间长了，什么人情世故、文化习俗都在里头了。

当徒弟时，不过是放放瓦条、椽条。时间长了，学到的东西就多。吴学养干活卖力，也爱琢磨，活儿干得漂亮，师傅很喜欢，指点也多一些。干了两三年，吴学养想着自己出来做事。同村还有个玩伴，只比吴学养小了两岁。那一年，吴学养二十岁，他十八岁，就认了学养做师父，两个人就结伴出门，揽活去了。

不出门，可不行。出了门，才刚有手艺，没人敢叫你做活。后来自己村上的马仙宫——就是普宾桥北的马仙宫年久失修，眼看要塌掉了，村里没有钱，也找不到人修缮。吴学养和徒弟两个人思来想去，决定自己上，没钱也要上。

马仙宫里，供的是马仙。马仙，也叫马仙娘娘、马天仙、马夫人、马氏真仙等，是很有名的神仙，对浙南和闽东的民俗文化有深刻的影响。村民每月初一十五、逢年过节，都会到庙里马仙娘娘前烧个香，求个平安。在浙南闽东这边，马仙的民间信仰很广泛，马仙宫神庙的香火也旺盛。

修马仙宫没有钱，这年轻的师徒二人，把包括上山砍树的这些事都包了。从正月头上开始动工，到农历九月尾巴，总算做完了马仙宫的这个活。学艺难，做古建更难。古建里面的文化深，讲究多，比方说雕一条龙，五爪是金龙，四爪就是蟒，一般地方，蟒可以用，金龙就只有皇家才能用。四根柱子代表一年四季，二十四根柱子代表二十四个节气，三百六十五根柱子代表一年。吴学养是边做边学。传统古建里，还要讲究风水、结构、力学、美学、实用、经济等维度，传统文化、民间风俗、飞檐翘角、南派北派……一样一样琢磨去吧，越琢磨，越深奥，这么说吧，没有十天半个月，吴学养他都讲不完。

木匠行当里，还流传一句话，“鲁班不识字，打叉的就是”。家有家规，行有行律。木匠师傅的传承，大多是依靠口传心授的模式，师父说说，徒弟听听，悟性好，记住了就记住了，悟性不好记不住，那就更得吃苦。

马仙宫做完，找吴学养做活儿的人就排着队了。修廊桥修古建，那得一点一点积累经验，口口相传，吴木匠的名气也大起来。人家说，对，就是雅阳溪那个年轻的吴木匠。

● 吴学养在雅阳镇的家，墙上的照片全是他在各地建造廊桥、祠堂、寺庙的相关“工作照”。比起其他木匠，吴学养与传统关系更深，他家有很多讲规矩和禁忌的书，而鲁班尺，是他最重要的工具之一。摄影／曹曈

4.

周善灵是和其他几个村民一起，想到要在村子里再建一座新廊桥的。

他们找到吴学养，说我们造一座廊桥吧，行不行？

吴学养点点头，说，行。

浙南泰顺县，是“中国廊桥之乡”，现有古廊桥三十三座，其中十五座被列为国家级文物保护单位。在泰顺，廊桥也叫“虹桥”“风水桥”，世世代代的村民，把廊桥看作关乎人的祸福、家族的盛衰、村落兴败的“风水”。廊桥也成为当地人生命中，一种具有神奇力量和无限想象的文化之舟。说起来，廊桥承载了千百年来，人们对于现实生活中种种理想的追求、审美的表达、信仰的寄托、未来的期待。

周善灵，1964年生，是这次造廊桥的“首事”之一。全村人里，老周当年是最早出去闯荡的“成功人士”。1987年，他就去了温州打工，后来去搞汽配，给解放、东风这样的大货车做零配件生意。山里人出去，就是特别能吃苦，他一年到头都在出差，总往湖南、湖北方向跑。再后来，他有了一点积蓄，自己开办了个小厂，仍然是做汽配，生产汽车弹簧，给配件公司做配套，生产的品种有两百多种。

前年他回村里来，主要是因为老爷子身体不好，得回来照顾。他看见村里的路不好，就花钱修了一条三千米长的路。村里没有公厕，又出钱修了一座干净、漂亮的公厕。看到别的村庄新建廊桥，他也有点动心，琢磨很久，后来就联合了老傅、老庄等几位德高望重的老人一起，共同作为“首事”，正式提起营建永和桥这件事。

闽浙木拱廊桥被列入“中国世界文化遗产预备名单”，木拱桥传统营造技艺列入联合国教科文组织《急需保护的非物质文化遗产名录》。这些年，泰顺也鼓励支持民间传承木拱廊桥传统营造技艺，通过营造廊桥来传承技艺，先后建成新廊桥二十多座，也带出了传承人队伍。

一座廊桥还需要大大小小两千多个构件，规模大点的廊桥，建造费用至少在一两百万元以上，基本上都靠民间筹集而成。泰顺民风淳朴，老百姓热心公共事业，这也是廊桥能够在今天得以延续的很大原因。

周善灵小时候，就是在普宾桥头的马仙宫里读书。没有黑板，老师就在石头上写字，一块石头上写一个字。下了课，他就在普宾桥上嬉闹玩耍。廊桥的印象，深深地印在他的脑海里。这几年，父亲年纪大了，他回来陪陪。有时跟老傅、老庄一起，还是会在普宾桥上走一走、摸一摸、看一看。他就想着，从前的人，为什么想要造一座桥，还能代代相传，一直流传到今天。

想多了，他似乎就明白了。他想，一座桥，也许就是先人留给后人的珍贵礼物。

一座桥，就是一个念想，也是一个寄托。两百年前的普宾桥，也是两省五地的老百姓捐钱修建的，从此在山野之间留下这么一个宝贝，也给一个村庄营造了好的“风水”。老百姓们淳朴得很，口中说的是“风水”，其实也是一种精神力量，是无形之中，对于美好生活、理想信念的追寻，也是对美好未来的想象和寄托。

我们今天，还能不能留下一座廊桥，留给村庄，也留给这个村庄的后人呢？

这个村有五百五十多人，十三个姓。族姓多了，这个姓和那个姓难免有点不高兴的事。曾经有段时间，村里人如同一盘散沙，聚不到一起来。这是村里老人们的说法。老人们说得比较委婉。至于到底是如何，老人们也没有多说。

● 吴学养在工地现场。工地上的每一道程序、每一样工具、每一个符号，都有一套严格的规矩要遵循。摄影/曹曈

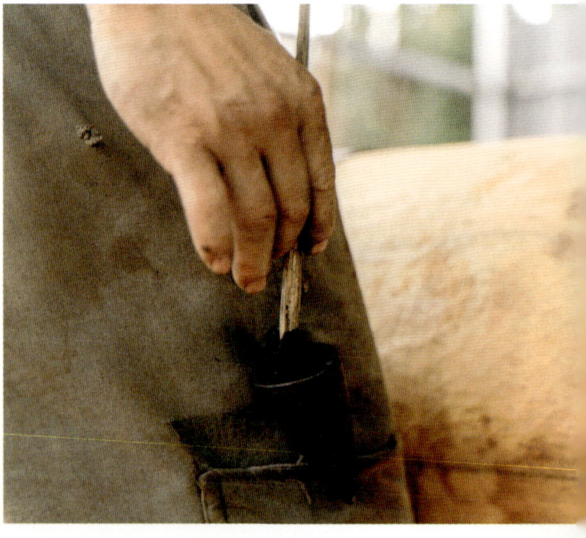

那么，造一座桥，也是一件提神聚气、凝聚人心的好事。

这个村庄的年轻人，很多人都搬走了，但是老周他们都希望这个村庄能一直拥有活力生机。

几位“首事”把村民们召集起来开会。在家的村民，差不多都来了，大家都很振奋，也都表示赞同。这个说，造桥是好事，我出三万。那个说，我买车暂时缓缓，造桥先出五万。另一个说，我山上有树，只要造桥用得上，都去我山上砍。再一个说，我资金不宽裕，就出份力吧。总之，听说要造廊桥，不管钱多钱少，大家都行动起来。那些离开了村庄的人，出去做生意的，搬进城市的，也都找了过来，要捐钱捐物。

那年农历八月大家说的事，商量之后定下来，到了十月开始砍木头。木头砍下来，堆成了一座山。老百姓送过来的，大概也有上千根吧，一共有一百多立方米。

吴学养亲自带着人上山挑木头。

木头有阴面和阳面，木匠师傅看见一棵树，能想象到这根木头放在桥的什么位置合适。每一棵树都有自己的使命。一座座山头，一片片树林，吴学养几乎把每棵树都看了一遍。

砍木头的时候，村民的茶园被弄坏了，村民也没多说一句，事后自己去把茶苗补上。因了建廊桥的事，村民们劲都往一处使了。

廊桥的营建过程，要严格按照传统工序方法，别、压、穿、插、搭、接，不用一枚铁钉，全是木榫结构。这些都是吴学养内行的事情。这座桥还有些与别的桥不一样的地方，采用了一些独特的技艺。比方说，采用倒刺榫卯、暗钩榫卯。这些东西，一般的师傅不拿出来说。泰顺的老桥里可能会有，但是没有拆开，看不到。这种结构很难安装，技术难度大，也都在这座廊桥上实现了。

一座廊桥，还是综合艺术的体现，什么石匠、瓦匠、灰塑，什么浮雕、透雕、圆雕，什么壁画、油漆、书法……总之，廊桥上有各种各样的艺术形式。

用了差不多两年时间，桥造好了。叫什么名字好呢？村里几位“首事”和老人们一起商量，说就叫“永和桥”吧。

吴学养在永和桥的月牙梁上，留下了自己的名字——“掌墨：吴学养”。五位“首事”的名字，也永久地留在了廊桥梁上。

一座廊桥，也许，不只是影响这一代人，还会影响下一代人。村民们希望它给整座村庄带来好运。

一座廊桥也会在时光里老去，新廊桥成为古老的廊桥。当承载了岁月的重量时，它也会成为前人留给后人的宝贵礼物。

* 私家推荐（吴学养）

① **桐山大道：**

雅阳—普宾桥、永和桥—福鼎

泰顺南北差异很大，我家在雅阳，属于泰顺南部，这里的饮食、方言、风俗和福建福鼎更接近。地理距离上，从我家去福鼎县城也比去泰顺县城更近，所以我们和福鼎往来很多，我也在那边修过祠堂。从我家出发，过永和桥、普宾桥，顺着普宾桥边的古道，就能一直走到福鼎去。

● 吴学养和周善灵，和无数人共同建造完成的永和桥。摄影/曹曈

附录：泰顺廊桥

审稿：钟晓波

自古廊桥遗梦处，从来泰顺盛情时。作为中国廊桥史中的“活化石”，泰顺廊桥因美丽、独特、多样性而闻名，每座廊桥造型各异、独一无二，具有很高的历史、科学和艺术价值。

长期以来，由于泰顺地处浙南一隅，村落分散，交通不便，先民们的“交通规划”中，相隔一定里程的大路边要建上一座供人歇脚的风雨亭；而在桥上建造屋檐，不但可以保护木材建造的桥梁免受日晒雨淋的侵袭，而且承担起了风雨亭的作用，这便是泰顺廊桥的起源。

世世代代的乡民就这样“山上伐巨木，山下造廊桥”，用勤劳的双手、高超的技艺造就了“千桥之乡”。也因此在泰顺百姓心目中，每一座廊桥都承载了许多重要角色，它们是休憩场所，是祭祀宗庙，是交易市场，是娱乐平台，是地标建筑，是精神家园，是团结乡民的纽带，是传播文化的长廊，更是泰顺精神的图腾与象征。

资料来源：
《浙江泰顺历史文化的国际考察与研究》一书中“凝固的传统世界”一章

『折解』北涧桥

北涧桥

2

◆ 北涧桥位于浙江省温州市泰顺县泗溪镇下桥村，是编木木拱廊桥，被称为“世界最美廊桥”。该桥建立于清康熙十三年（1674），历史悠久，后来经过多次重修，至今保存得较为完好。这座廊桥为宫殿式重檐，结构精巧，造型古朴，具有较高的研究和欣赏价值。

泰顺古廊桥类型及数量

木拱廊桥

10座

◆ 木拱桥，学名叫“编木拱桥”和“编木拱梁桥”，是中国传统建筑中最为常见的一种廊桥形式。木拱廊桥主要构造有三部分：廊桥屋、拱架和桥台，廊桥屋主要有廊柱、梁、檩条、栏杆等，拱架有三节苗、五节苗、牛头梁、剪刀撑、青蛙腿、桥板苗等，桥台则左右两个，为石块搭建或者依山体岩石构成。

溪东桥

木梁廊桥

14座

◆ 木梁桥是泰顺古桥类型之一，它是一支简支、斜撑的梁桥，并多跨用木柱或石柱、石墩支承的梁柱桥。从结构学意义来讲，这类桥又可分为简支木梁桥、木梁桂析、木伸臂梁桥和木撑架桥。

刘宅桥

- 1405年
- L 24.80m
- W 6.15m
- H 不详
- S 9.20m

9

廊桥木构梁发展谱系

简支木梁桥

龙垟桥

10

◆ 龙垟桥又称龙垟水尾桥，位于龟湖镇后章龙垟村，系木平梁廊桥，建于民国五年（1916）八月初三。桥屋长14.05米，宽4.17米，桥面宽4.41米，高5.35米，跨径7.05米，桥面1.85米，6间。廊桥中部设有神龛，神龛内立两尊神像，尚未列入文保单位。

1570年
40.00m
4.86m
11.00m
27.00m

25

石拱廊桥

8座

◆ 石拱桥，是泰顺的主要桥梁类型，历史悠久。其结构是用块石砌筑桥拱，以卵石或块石砌筑桥面，在石拱桥上建造木构桥屋的廊桥类型。毓文桥和霞光桥为其杰出代表。

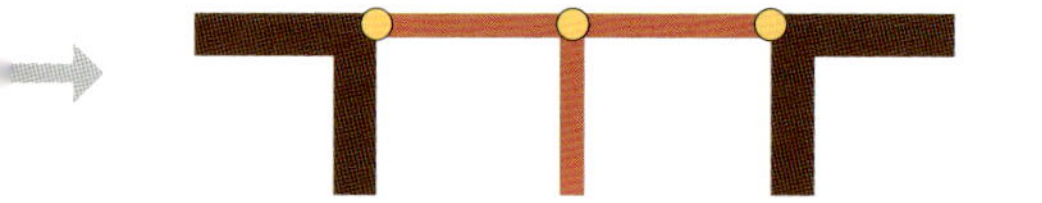

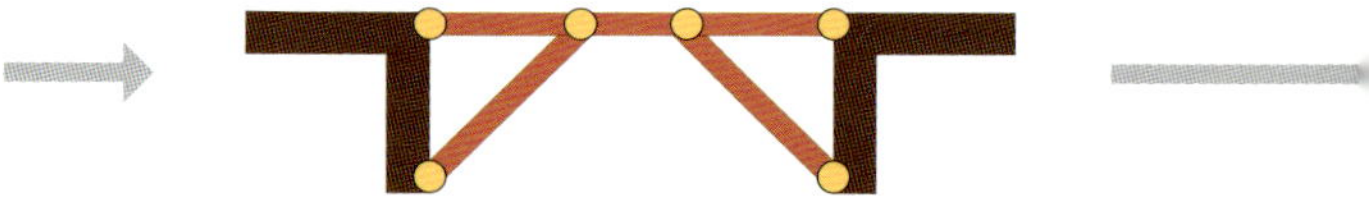

中间有支柱的木平桥

两端设斜撑的木平桥

刘宅桥

◆ 刘宅桥位于泰顺三魁镇刘宅村水尾，又名仙洞虹桥，建于明永乐三年（1405）。长24.80米，宽6.15米，跨径9.20米。桥身由下上两层组成，下层供人们过桥通行用，上层设有神龛，供村民祭祀用，是泰顺众多屋式木平桥中造型最为精巧别致的一座。

9

南庆桥

◆ 南庆桥位于泗溪镇上洪村，系八字撑木拱廊桥，建于清光绪年间，又称宫桥，田野有一宫与桥遥相呼应。悬山顶，山花砌墙。桥全长16.00米，宽4.35米，跨径9.00米，离水面高5.00米，桥屋7间。

12

文重桥

1745年
L 26.40m
W 4.60m
H 不详
S 22.40m

23

霞光桥

1723年
L 17.26m
W 4.42m
H 不详
S 13.20m

26

石梁廊桥

0座

◆ 石梁廊桥，又称石平桥、石板桥，是将石板架设在沟谷河流的两岸，再在石桥上建桥屋所构成。泰顺共有349座石梁桥，数量仅次于石拱桥。从结构学意义上，又可分为简支石梁廊桥、伸臂石梁廊桥和撑架石梁廊桥等，以油车岭石板桥、南庆桥、大安乡石梁廊桥为代表。也有人认为，泰顺没有严格意义上的石梁廊桥。

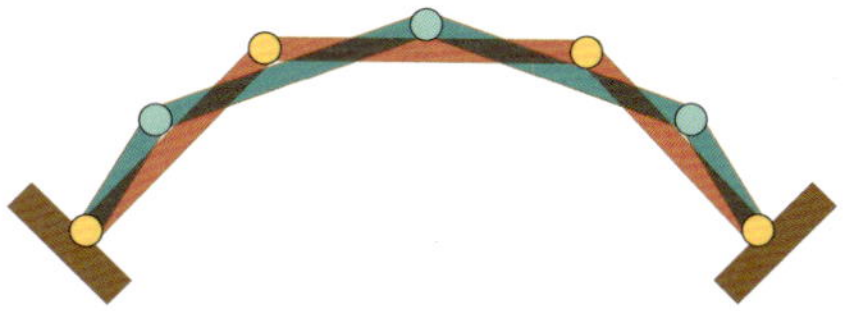

编木拱梁桥

编木拱桥

城水桥

◆ 城水桥系八字撑式木拱廊桥、位于龟湖镇上宅垟村后章岗，建于1942年。桥长15.02米，跨径11.16米，桥屋7间。宽4.61米，高4.83米。“八字撑”桥梁已初具木拱桥雏形，使木拱廊桥技术的出现成为可能。城水桥的拱架中已出现“剪刀撑”。

4

仙居桥

◆ 仙居桥在浙江泰顺县城东7.50千米，位于仙稔乡仙居村水尾，系贯木拱廊桥，也是虹桥式的拱桥。桥屋18间，80柱，单檐，长42.83米，宽5.30米，离水面高12.60米，净跨34.50米，是泰顺跨径最大的木拱桥。

28

泰顺古廊桥分布

本章资料来源：
泰顺县泗溪镇廊桥文化展厅
微信公众号：全景勘世界—合集#泰顺廊桥

从古至今，廊桥在中外建筑和园林景观设计史上都有非常悠久的历史和广泛的应用，尤其是中国廊桥历史悠久、类型多样，具有较高的研究价值。据不完全统计，在我国的青山绿水之间，至今仍耸立着近千座风格各异、历尽沧桑的古廊桥。它们那古朴而典雅的造型、实用而科学的结构、自然而又不失细腻的风格，构成一道道亮丽的风景线，使人们为之动容，流连忘返。

目前，泰顺境内存有廊桥60余座，其中古廊桥32座，2006年有15座廊桥被列为全国重点文物保护单位。2009年，泰顺被命名为“中国廊桥之乡"。

同年，泰顺木拱桥传统营造技艺列入联合国教科文组织《急需保护的非物质文化遗产名录》。2012年11月，泰顺的三条桥、溪东桥、北涧桥、文兴桥被选入闽浙木拱廊桥联合申遗的《中国世界文化遗产预备名单》。

泰顺古廊桥总数 **32座**

*序号按汉语拼音排序

泰顺廊桥总数 **>60座**

廊桥数据解读

廊桥构造类型

木拱廊桥

木梁廊桥

石拱廊桥

石梁廊桥

古廊桥级别

● 全国重点文物保护单位

● 省级文物保护单位

● 未核定

同乐桥的建造过程

资料提供：薛一泉

宜

2004年 九 月 星期四 **16** 甲申年 农历八月 初三

壹

择吉

◆ 择吉：包括吉日、吉时、方位。在泰顺，婚嫁、动土、乔迁、修灶、安葬、出行，都要择吉。

◆ 择吉师：专门选择吉日的师父，廊桥的择吉师由首事选定。

◆ 择吉单：放在特定人选家中，红色。

宜

2004年 十一月 星期五 **19** 甲申年 农历十月 初八

贰

寻牛头

◆ 寻牛头：拱架上横置的梁木。

宜

2004年 十一月 星期一 **29** 甲申年 农历十月 十八

叁

栋梁

◆ 选栋梁：首先，栋梁必须长在“洁净”之地，附近无茅厕和其仁
树木本身长相要好，除主干外，在根部要有长势良好的嫩枝，
代”兴旺；这棵树的拥有者，必须父母健在，子孙兴旺，合家力

◆ 祭栋梁：从砍栋梁吉日前七天开始，每天上山祭拜一次。

◆ 砍栋梁：吉日——农历十月十八（公历11月29日）；良辰——
9:00，以8:00为最佳。栋梁下山后，从此不能着地，要用“柴
起来，树皮要倒入溪中漂走，栋梁木身份尊贵，树皮不能捡回

宜

2004年 十二月 星期日 **12** 甲申年 农历十一月 初一

肆

搭拱架·将军柱

◆ 搭拱架：又叫“合龙”或者“接龙”。传说中的“合龙”，说是纟
索捆绑起来，两岸拉绳索的民工在绳墨一声令下后，一齐放开
两岸拱架便合聚到一块。出于安全考虑，同乐桥的拱架，用搭
“合龙”。

◆ 将军柱：竖在桥头的大柱子，一共四根。竖将军柱的良辰是
11:00，以10:00整为最佳。

宜

2004年 十二月 星期三 **15** 甲申年 农历十一月 初四

伍

三节苗和五节苗

◆ 三节苗和五节苗
拱骨组成，拱骨
的苗木，分为三
两种。

宜

2004年 十二月 星期一 **20** 甲申年 农历十一月 初九

陆

交剪梢

◆ 交剪梢：在拱架
组，两根巨木交
个硕大的“X”
交剪（方言，即
名，是为了加强
定性而设置的构

脏物；其次，
弋表此木“后
平。

早上7:00—
马”把栋梁架
家中当柴烧。

将梁木用绳
手中的绳索，
置的方法代替

上午9:00—

编梁拱架由
忧是工匠们说
节苗和五节苗

]两端，共两
又搭置，像一
号，因形似
剪刀”）而得
共架的横向稳
牛。

廊桥的核心人物

首事

◆ 一般有几人，主要负责人称“主首事”，同乐桥的主首事是潘长松。

绳墨

◆ 董直机。还有副墨，也称“二手”，相当于主墨的助理。

捐赠者

◆ 在泰顺多为民间捐建，也有官方捐建的。同乐桥是岭北乡全体村民集资捐建的，另有企业、机构等支持。

宜

2004年 十二月 星期二 **21** 甲申年 农历十一月 初十

柒

写缘

◆ 写缘本：也叫功德簿。在民间，如果因为建造公共建筑而缺少经费，“首事”就会打点行装，走村串户，寻求捐助。遇上乐善好施的人家，就在功德簿上记上姓名和捐助数额，以便日后刻碑铭谢。同乐桥的写缘并不顺利，后来首事还印发《倡议书》，到单位争取经费，到企业拉赞助，寻求媒体帮助……

宜

2004年 十二月 星期五 **24** 甲申年 农历十一月 初十三

捌

上梁

◆ 丈杆：大木师傅经常用的一把大尺子，把尺寸标在这根长条木上，再用它去衡量构件。上梁这天，要把丈杆请到桥头，穿上喜庆的“红衣服”竖立起来。丈杆的前面放着雨伞、鞋、镜子、剪刀和布尺等物件。相传皇帝请鲁班造金銮殿，鲁班怕拿不准尺寸而不敢答应，他夫人知道后，做了一根长条木交给他，说按上面标注的尺寸做就可以了。丈杆是鲁班夫人发明的，因此在祭丈杆时，也要放一些鲁班夫人发明的物件，伞和鞋就是其中几样。

◆ 祭祀：梁神、鲁班。梁神即栋梁神紫微帝君，栋梁上贴着“玉皇鸾驾”四个大字的红纸（如果是建民宅，栋梁上贴“紫微星君”四字）。

◆ 安梁：工匠将栋梁的榫头放到柱子的卯位上，董直机高声喊着诸如“国泰民安，五谷丰登”的吉祥语，其他工匠用包着橡皮的大木槌将榫头敲入柱头卯位。

◆ 抛梁：工匠站在梁木上，边念吉祥语，边把挂在栋梁上的七宝袋抛到地板的布单上。抛梁后，“首事”把七宝袋拿回家放七天后，将袋内的油麻、花生、枣和米等分发给村里人家。

宜

2005年 三月 星期五 **6** 乙酉年 农历正月 二十六

玖

缠龙柱

◆ 缠龙柱：木匠潘成叶为同乐桥廊屋的几根柱子雕缠龙。

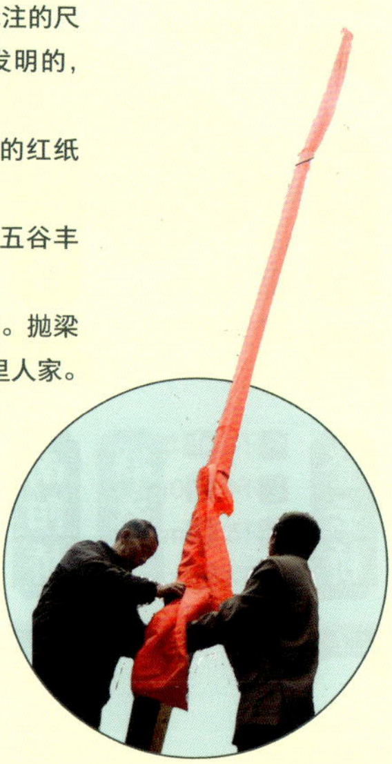

宜

2005年 四月 星期四

28

乙酉年 农历三月 二十

拾

扶柱

◆ “扶柱”：建筑词典上叫“竖柱”。工匠们先把几根柱子和横梁、枋木拼装在一起，形成一个柱架。然后把十几个人分成两组，第一组用木叉撑着柱架，另外一组则站在另一个方向用绳子拉紧柱架，一撑一拉，柱架便缓缓“站起身来”了，梁木的榫头渐渐迎向当心间柱架的卯位，一排柱架算是顺利安装完毕。

宜

2005年 九月 星期六

24

乙酉年 农历八月 二十一

拾壹

悬鱼和脊饰

◆ 悬鱼：乡土建筑的屋檐上一般都雕刻着“鱼”的形象，也有的刻“壬”“癸”两字，有的则干脆在悬鱼上雕一个“水”字。除了好看，它其实是为防悬挑的檩条端头受潮，也担当着镇火的重任，木构建筑极易遭火灾，而鱼为水中之物，“壬”“癸”之间在五行方位中亦代表水。

◆ 脊饰：给同乐桥的屋脊安装“双龙戏珠”等脊饰，当地人称为“捆龙”。

宜

2005年 十二月 星期六

17

乙酉年 农历十一月 十七

拾贰

圆桥

◆ 圆桥：凌晨3点，村民们先后祭天地、祭桥。上午10点30分，董直机把廊桥上最后一块空缺的桥板钉上，乡民们先后从桥上走过，名为“踏桥”。如此，圆桥就算圆满结束，村民们便可以举行百家宴，宴请各位来宾了。经过圆桥仪式之后，廊桥才算真正竣工。此时，桥梁被视为生灵之物，它的生命可以因仪式而延续永久。

同乐桥

◆ 同乐桥是中华人民共和国成立后第一座几乎完全按照古廊桥的方式而建造的新廊桥。在建造途中，国家级非遗传承人董直机建造廊桥的手艺得以传继，与廊桥有关的整套文化习俗得以展示，而我们，借同乐桥建造过程这一剖面得以窥见，在泰顺，外在的物质世界与内在的精神世界从来都是一体的。

泰顺廊桥·三条桥保护大事记

1107年 ◆ 北宋大观元年，三条桥落成。

1843年 ◆ 清道光二十三年，三条桥重建。

1982年 ◆ 三条桥被列为泰顺县第一批文物保护单位，后被列为省级文物保护单位。

2003年3月 ◆ 垟溪、洲岭乡的村民发现一家水电公司在三条桥上游建造水库大坝。如此，三条桥下便没有水，桥没有了水，就像人没有了血。两个乡共十三个村的三百多位村民，在《保护珍贵历史文化遗产三条桥的报告》上签字、按手印，要求水电站工程停工。

2003年3月3日

◆ 记者海沙在《泰顺报》刊登文章，呼吁“不要让三条桥成为死桥”。“廊桥网”创办人钟晓波在“廊桥网”论坛转发该文，引起网民强烈反响，“三条桥保卫战”就此展开。

◆ 之后，《光明日报》《浙江日报》《今日早报》《都市快报》《温州日报》…… 相继刊发报道。

2003年10月24日

◆ 经多方协调，水电站业主答应大坝底部设置固定出水口，保持一定的出水量，保证了三条桥下的水流。

◆ 事后，泰顺一中（现泰顺中学）高级教师李晓娟将“三条桥保卫战”的案例搬进课堂，让同学们广泛搜集资料，从多方观点进行自由讨论，最终，全班四十六位同学，四十一人坚决支持保护三条桥，拒绝修建水电站。进一步，李晓娟还设计了一项“给县长写信”的作业，强化学生的公民意识。这一堂课，后来被写成了教案。

2006年 ◆ 三条桥被列为第六批全国重点文物保护单位。

2020年 ◆ 2020年9月，三条桥落架维修，文物专家对所有瓦片进行考古研究，发现共有四十六片瓦片有准确纪年，时间最早的在大观元年，有数十片。

2021年8月1日

◆《温州市泰顺廊桥保护条例》正式实施。这是温州市取得地方立法权后，通过的首部历史文化领域法规，也是中国首个廊桥保护专项立法。条例既有对廊桥本体的“有形保护”，也有对廊桥传统建造技艺的“无形保护”，还有对附属物、周边环境的“整体保护”。

资料提供：钟晓波

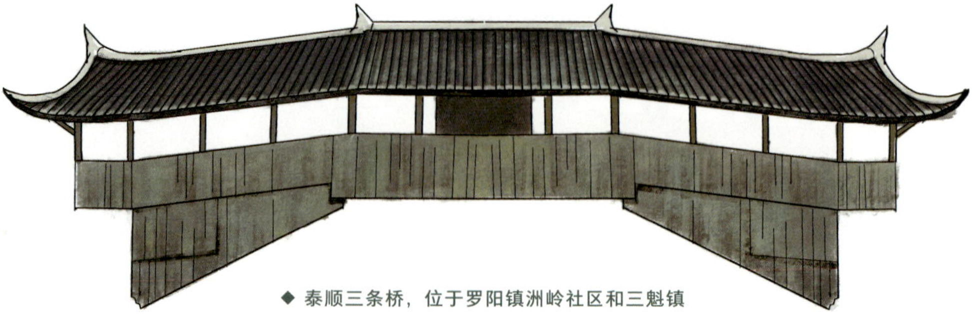

◆ 泰顺三条桥，位于罗阳镇洲岭社区和三魁镇垟溪社区交界溪上。它由原先三条巨木跨河为桥而得名，建于宋大观元年（1107），重建于清道光二十三年（1843），为叠梁式木拱廊桥。

一个古村

［时至今日，泰顺境内还有大大小小几十个古村落。一个动辄拥有数百年乃至上千年历史、以家族文化为主的传统村落，如何在今天获得新生？徐岙底提供了一个很好的样本。］

在徐岙底，复苏一个古村

小熊　口述

小熊，毕业于北京大学法律系。在一家律师事务所做了十年专职律师，在即将迈入律师生涯的第二个十年时，她犹豫了，然后，一个转身，离开北京，离开城市，回到温州乡间，做了一家名叫“墟里”的民宿。

“墟里”出手不凡，刚一问世就受到热捧。但对小熊而言，那只是一栋长在乡间的房子，算不上完整的乡村生活。直到五年前，在泰顺遇到徐岙底，一个已有八百年历史，外形完整、内在鲜活的村子，她才觉得，真正的乡村生活开始了。

回到乡村

做“墟里”之前，我没有在乡村生活的经历，完全在城市出生、长大，走最常规的道路，后来还在一家律师事务所工作了十年。大家都觉得我比较能折腾，其实相反，我很懒。那时在北京工作了十年，下个十年就这样，也不是不行，但又觉得，是不是还有更多可能性？然后就把工作暂停了一年。那时身边的朋友、爸妈，都觉得很意外，觉得我可能在生活中遇到了大的变故。其实并没有。也不知道要干吗，就拿了个学习的签证，去欧洲转了一年。

一年结束，回到北京，什么也不会，除了学校教你的那一套，所以我又回到原来的律师事务所上班，但把“家”搬到了乡村：白天开车进城上班，晚上回村子里生活。

我做这样的决定，是因为在欧洲那一年，也有很多时间在乡村旅行、居住，觉得乡村很好。但北京的乡村，秃、干、土。我租的房子在顺义一个果园里，冬天连暖气都没有，要自己烧炕，完全不是最初想象中的乡村。但即便这样，我也在那里度过了两个冬天，仍然觉得乡村很有吸引力。因为距离城市遥远，因为离群索居，自动过滤掉了很多以前觉得重要的东西。

那一年多特别充实，我有大段属于自己的时间，花了点时间学习种地、做饭这些在乡村最基本的生活技能。知道了钱既重要也不重要——在那里，你有再多钱，也是那样生活。也想了想接下来想要的生活……慢慢地，好像很多东西都想清楚了。

我有两次打包的经历。一次是离开北京去欧洲，因为要在欧洲一年，我没有任何谋生技能，学法律的人嘛，不上班就很焦虑，离开前就把我的房子租出去了，所以要把自己的东西打包。突然发现，一个人在北京十年，攒下那么多东西！花巨大的时间和精力去打包，一部分放在办公室（办公室里堆得根本没法看），一部分放在朋友、同事家。从欧洲回来，那些东西都没拆开过。

一次是离开北京回温州，也是花巨长的时间整理，最后拉回来的东西也几乎没有打开过。当时，一个年轻人该有的东西大概都有，做律师嘛，一些行头还是要置办的，也花挺多钱买包包，一个都没再用过。当你刚开始工作，通过自己的劳动和努力，可以买一个看起来好一点的包包时，也不能说那个时候没有喜欢它，它也带给你某种认可。但现在，生活越来越简单，所需越来越少，以前那些包包、鞋子，再也没用过，连去翻一翻、分一分处理掉的欲望都没有。

在欧洲一年，回北京乡下一年，我觉得差不多了，回乡村试试看。要回，就回自己老家——温州。当时很多同事都觉得不可思议，但我自己知道，这是想了很久的一件事。

遇见徐岙底

开民宿，是我唯一能做的事，也许靠这个还能养活自己，因为乡村需要的其他技能我都不会。在欧洲那一年，也经常住在别人家里，当时觉得，民宿，“住”，就是我们对“家”的理解，对我而言，也许是最容易成立的。

虽然我不在乡村出生长大，但爸爸的老家就在温州永嘉楠溪江边的古村里。逢年过节，尤其是清明、中元这样祭祖的节日，一家人都会回去。另外，20世纪90年代后期，清华大学建筑系的陈志华老师主编了一套“乡土中国”丛书，第一本就是讲楠溪江的。虽然等我长大，想要回到乡村的时候，楠溪江流域的村落已经面目全非，但还能找到隐约的痕迹，所以当时毫不犹豫地回到永嘉，做了“墟里”。

第一家“墟里”就在楠溪江流域，“墟里壹号”。特别小，一栋，三个房间，总共两百平方米不到。第二家，“墟里贰号”，就在楠溪江边，也不大。

但很快就会发现，乡村最重要的，不是一栋或几栋房子，而是，你要有一个小小的生态系统，才能触及乡村生活的方方面面。所以我一直想找个完整的村子，但绝对没想到泰顺。在大部分温州人心里，说起泰顺，都觉得遥远、偏僻，甚至落后。

前四年，一直在永嘉找村子，后来慢慢扩展到浙南的遂昌、庆元、松阳几个县。几年下来，看过的大大小小的村子，一百个肯定是有的，都没有合适的。

北大有个校友群，里面有位师兄，我们并不认识，他是泰顺人，现在上海工作，可能住过“墟里”，特别热情地邀请我来泰顺。在他眼里，泰顺当然好得不得了，“一定要来我家乡泰顺看看”。我一直很敷衍，“好的好的，有时间就去”。就这样联系了一年多，一次也没去。

有年国庆节，他自己来了，也没提前和我说，到了温州才告诉我。十一假期，人家不陪家人、孩子，从上海来到温州，而我就在温州，确实没理由不来。那几天，他陪着我走遍了他记忆中觉得泰顺特别好的地方，当然有库村、岭北，他老家仙居，还有一些传统的旅游目的地：氡泉、泗溪。

也来了徐岙底，并没有一眼就相中，但看完所有地方后，我说，如果

● 视线抬升两百米，就会看到这幅徐岙底的鸟瞰图，一个形制完整的古村落。曾经，这样的村落在泰顺遍地都是，如今，在徐岙底，尤其是改建后的徐岙底，几乎成为某种“孤本”。照片提供/墟里·徐岙底真的要在泰顺做一家“墟里”，徐岙底可能是最好的选择。原因有三个。

这是一个单姓村，所有村民都姓吴。一千两百年前，包姓和吴姓两大姓氏的先祖从他处移民至库村；八百多年前，吴姓的一支从库村迁至枫林，进而迁到徐岙底，繁衍至今。

徐岙底小而完整。比起库村，徐岙底还不及它的三分之一大，但对我们而言，刚刚好。而且徐岙底非常完整，我们想象中传统乡村的元素基本保留：已有近八百年历史的祠堂、千年古树、信仰范围辐射周边七八个村子的庙宇、传统手作坊、举人府一类大宅子、普通民居……一应俱全。村子里，地有人种，祖先有人祭拜，传统手艺有人延续。论地理环境，整个村子的肌理也很完整。徐岙底三面环山，中间一块平地，一条溪流横穿其间。

徐岙底和今天的乡镇几乎连在一起。沿溪流出村口，再过一座桥、一条叫玉溪的河（村子里的小溪汇入玉溪），对面就是徐岙底所属的筱村镇镇政府。整个乡镇，沿玉溪两岸带状展开。如果步行，十五分钟内，可以抵达镇上的菜市场、幼儿园、小学、卫生所、车站……一个今天的乡镇，真实地存在于这里。它不遗世独立，但它真实、完整地和本地人在一起，和本地人的乡村生活在一起，这是一个真正的社区。某种程度上，徐岙底和周边的关系，而不是徐岙底本身，才是最重要的。

简言之，作为古村，徐岙底传统的物理空间还在，并和今天的生活紧密相连。之前看过的村子，要么人在、传统生活在，但村子已经面目全非；要么村子在，但人和生活不在了。

2017年10月，我们给泰顺县政府做了第一次汇报，大致介绍了一下“墟里”。其实完全没把握，我们当时只做了两间那么小的民宿，到这里，要整体经营一个有八百年历史的村子，而且我们是“三无”人员：无资金、无经验、无团队。

半年后，2018年4月，做第二次汇报，主题是：在徐岙底，我们想做什么。就在报告后，我们签下了项目协议，用三十年时间，经营徐岙底。

“红地起乌衣”

对乡村，我们一无所知，唯一的方式就是住下来，因为不够了解，又太过年轻，就用笨办法。但那时，村子完全住不进来，连水电都需要重新恢复。

我们在镇政府旁边租下一个院子，和当地人一样，生活了起来。住下来的人包括：我们团队的项目小组；建筑师贾莲娜团队的驻场建筑师；我们邀请的合作方，这些年致力于乡建的左靖工作室团队成员。

我们并没有着急建房子，而是调研：一边考察周边的自然、文化环境，一边研究村子的格局。一年后，我们完成了第一栋房子的改造，是一个展馆，并在那里和左靖老师的团队一起做了场关于徐岙底，也是泰顺最基本的物产——红粬的展览：红地起乌衣。

物产，是最能体现一个地方风土和传统的媒介。从福建到浙江，这些地方都产红粬。但泰顺当地有谚语——“翁山竹，筱村粬”，翁山的竹子，筱村的红粬，说明筱村的红粬是这一带最好的，而徐岙底，又是筱村最好的。

泰顺这边制作红粬有两个菌种：乌粬霉和红粬霉。发酵过程中，白米会一点点变红、变青、变黑，最后，外面是黑色的，里面掰开仍然是红色的，所以我们的展览叫“红地起乌衣”。今天，村子里还有两个生产红粬的

● 村口的《红地起乌衣》海报，和青绿的稻田、山脉，和谐地长在了一起。
照片提供/左靖工作室

工坊，由一对堂兄弟，（吴）志文和（吴）建云分别打理。村子里的房子，第一期我们都付了租金，但其中两栋，让他们作为工坊正常使用。这在别的项目里，可能也是不多见的吧。我并不想用伟大、无私一类词形容自己，在村子里，每一个老人、每一只羊，都是有价值的。徐岙底是一个生活化的社区，而乡村的商业里，最宝贵的其实是乡村生活，我们付租金，是不希望他们迁走，他们在这里，就是特别好的故事。

展览做好了，什么时候开幕呢？最后，我们选定农历六月六“禳神节”这一天。这个村子单姓吴，村名却叫“徐岙底”，为什么？这个“徐”，据说是为了纪念宋代镇压方腊起义而阵亡的徐震将军。在他阵亡后，宋钦宗封他为忠训郎，立庙祭祀。浙江一带很多地方都信仰徐震，但筱村香火最旺，而且是徐震信仰的发源地。徐岙底的村口，一棵千年的古树下，就是忠训庙。农历六月六是徐震的诞辰，村民便将这一天定为“禳神节”，村民们会抬着徐震的神像，依次在玉溪流域的七八个村子巡游。

2019年“禳神节”那天，村民们抬神、祭神、游神，人山人海。在人山人海中，我们的红釉展馆开幕了。那天，我们也从全国各地请了很多嘉宾来，所有人都惊讶于我们的能量，能在一个小小展馆的开幕式上，和这么多村民互动！那哪是我们的能量啊，只是技术性地把自己的那一点点事，放在了乡村原有的时间序列里。后来，这成为我们做事的一个原则：把我们想做的事，按照当地人的日历表排列。

乡村的时序

今天，有各种方式可以进入乡村，比如我有平台，政府作为出资方，我作为品牌运营方等。但四年前没有这些，那时唯一的进入方式就是招商引资，你要作为投资商、开发商。那时想的是，整个村子可能需要一个亿的投入，但启动资金有个两千万，后面自然会有各种资金和人参与进来。当然，并没有。

第二年，我们改了民宿部分的“竹”和“桂”。也就是说，整整两年，我们只改了三栋房子。这个村子一共三十八栋！大家希望你整村开发、整村运营，但我们可见的“成果”，非常有限。可以想象，跟大家最初对我们的期待相比，其实有蛮大落差的。

在乡村，最初的观望期很正常，那个观望期就像一扇窗口，一旦这扇窗口关上了，后面就很难。那两年，能感受到大家对我们有一些失望，不管是进度还是投资额度。有一次我们内部开会，我说，能快还是可以快一点，村里住着的老人就这么多了，就像每棵树要编号，每栋房子要编号，每个老人也是。

村子里，我们来的时候还有十位老人。有一位吴老先生，原先是老师，形象和气质都特别好，有次来找我们聊天，“别人不知道，反正我们在村里的每个老人都特别支持你们。不要有太多顾虑，做快一点，慢一点，没有关系的”。我们的办公室在水尾厝，里面住着三位老人。把水尾厝作为办公室，是因为我们不想老人搬走，又可以对空间恰当使用。如果把那里做成其他空间，不管是我们自己做商业，还是给到别人，都可能会让老人搬走。村子里这些老人，会近距离看到我们在做的事，他们和我们之间建立了一份很特殊的情感。但这几年，已经走了两位老人。从这个角度，我们还是有紧迫感的。

后来转变了想法，在快进入第三年时，我们第一次去银行贷款，一千万。我们完全不符合银行的信贷条件，没有抵押物，没有产权，没有可观的营业额流水，这个村子也没有到经营的状况……但，我们得到了银行的支持。有了这笔贷款，我又把北京的房子卖了，于是进入所谓的二期工程，改建了后来的“杏”“枫”“兰”“桃”几栋民宿区域的房子以及乡野学校等配套设施。

常有人问我，在乡村做事，什么最难。难的事很多，但什么最难？其实也不叫难，就是你得接受它的慢。如果你不能接受乡村的慢，那它就是最难的。

比如获得当地人的信任，没有任何技巧，就是通过时间一点点累积。刚来的时候，大部分村民保持观望态度，他们心里在想：虽然现在没有别的人来做，虽然我们也不知道怎么做，但是八百年的村子，从祖祖辈辈手

● 徐岙底的古建修复，几乎获得了所有人的认可。如今的风貌，不仅修旧如旧，还焕发出勃勃生机。
照片提供/左靖工作室

上留到我们这一代，它至少还有完整的面貌，突然来一个外来人说要开发，你到底行不行？

还有极少数村民有敌意。有一次，一位村民在网上发了帖子，文章里说了些比较过激的话，我们也没有正面回应。就这样过了两三年，其间我们做了一些公益活动，所有活动的辐射半径都至少是整个乡镇。我们做儿童教育，会开放给村里、镇上的孩子；演一出木偶戏，镇上的孩子、老人，都可以来……所有活动，都不是只做一两次，而是一年、两年、三四年。在乡村，时间的力量是最大的，只要我们有这种开放度，并持续地做下来，到最后，我们做的事情他未必能理解，但至少村子没有被破坏，而且，好像更多的人愿意谈到徐岙底，不管是在各种旅游攻略上，还是在他

● 在老房子原有的肌理下，将室内改造成适合现代人居住的生活环境。
供图/墟里·徐岙底

们会使用的社交平台上。慢慢地，他也接纳我们了，后来找过我们两次，他对这里的传说、风水很清楚，说愿意给我们当志愿者。

泰顺人特别关心自己的事，我们做徐岙底的时候，他们那种关注度，超出你想象！像莲娜改第一栋民宿“竹”，几乎没有动原有的结构，连窗户和门的大小、朝向，都没改。因为一旦你改动，可能就有村民找到你，说你不尊重风水、传统等。我很清楚，如果完全保留原来的结构，作为客房，它是有硬伤的——隔音有问题，采光有问题，使用的舒适性会受损。但，我们接受了。

一个乡村，最遗憾的就是没有人再关心这些老的房子、旧有的事物，大家觉得它没有价值，属于过去，翻篇了。但在这里，能非常清晰地感受到大家对我们的高度关注，甚至是某种压力。你如果不接受，这就是阻力。但反过来，我们愿意把它理解成大家很关心它。对建筑师而言，改这样的房子，可发挥的部分特别有限，但莲娜说，她是尊重的，在这里，就是退让，设计的退让，个人的退让。

其实，与其说退让，不如说遵从乡村原有的时序。就像我们会将红釉展馆的开幕定在六月六“禳神节”，我们也利用某年中元节，全村人回祠堂来祭祖时，给所有人拍了全家福。

在这里，中元祭祖是比清明节还重要的传统。那时，每家每户都会派人回来，哪怕在其他城市，甚至在国外。

祭祖活动在村口的祠堂举行，我们提前邀请了摄影师李玉祥老师来拍照。那天印象特别深，下着雨，我们在祠堂里和大家说拍合影，积极性似乎都不高，因为祭祖有祭祖的流程，而我们是祭祖流程以外的一件事。

中午，大家吃过饭，一些人准备走了，一些人已经散了，再不拍就来不及了。各种折腾后，终于，老人、孩子、平时在外打拼的年轻人，所有人都到齐了，特别喧嚣的现场，一下子安静下来。后来看李老师的照片，人如此之多，都要从镜头里溢出来了！平时十个老人都不到的村子，一下子变得生机勃勃，那一刻很感动，只要这些人还在，就一切皆有可能。

拍完大合影，我们顺势讲，“有没有人希望跟自己老房子合影的？”大家很早就搬出去了，都已经很久没有回村子里看看，于是马上积极响应，纷纷表示想跟自己的房子拍合影。我们按照顺序，估算了每栋房子大概的拍摄时间，刚安排好，人群一瞬间就散掉了。

我们本来不抱特别大的期望，但到约定的时间时，大家都回来了。于是，我们在每栋房子前都给原来住在这里的人拍了合影。有些房子来的人多，一二十口，有些房子前就一两个人。有个细节特别打动我，顶头厝有一侧的房子已经倒塌，但一个村民说，“虽然房子塌了，但这是我们的祖宅，我小时候在这里出生、长大，一定要给我和这个家拍一张……”。那个“家”，房屋已经不复存在，只剩地基。那张照片，现在还挂在我们办公室里。

我们有一个做了四年的系列活动，叫“跟着节气去乡村”。比如这个时候，他们要上山采春茶，我们就有客人一起跟着。但，采茶并不是为客人特意定制的。对酒店而言，如果要设计一个产品，从形式到体验，所有环节都要非常精细，一切以顾客的体验为主。但我们的做法是：这个时候，村民本来就要上山采春茶，我们就跟着他们一起。就是把我们的内容内置到他们的生活时序里。刚开始村民不是很自信，说带不了的，他们只会自己采茶炒茶，不会介绍……我们反而没有什么“教知识”的部分，客人只需跟着村民，不把自己当成客人，并把村民当成老师，主动提问：“本地是什么茶？采茶要怎么采？炒茶的环节我可不可以参与？”……

类似的还有挖笋、采野菜、插秧、打谷子、酿酒……村子里一整年的活动，我们都以这样的方式让客人参与其中。所有活动，我们都会付费，但不是像其他项目那样，带一次团多少钱。比如采茶，我们的做法是，村民做完的茶，除了他自己喝的，想卖的有多少我们就买多少。酒也是，如果带客人体验酿酒，最后我们会把酒买掉，价格由村民来定。还有志文和建云，他们在这里生产，我们没有一对一地去谈。“我来拨客人，你介绍一下红釉生产，我付费给你……”，这是商业社会的做法，一单一单怎么结算。我们是以我们的方式表达态度和感谢，只要你还将这里作为红釉工坊，就可以一直免费使用下去，如果哪天不做了，房子那时还给我们就是。

● 小熊和同事们都住在徐岙底的一栋老宅子“文元”里，大家一起在这里吃、住、工作，是新时代的乡居生活。摄影/曹曈

● 每间房的格局和“设计”都是唯一的，这些房屋原本属于不同的村民，每家都有自己独特的空间布局和使用场景。供图/墟里·徐岙底

成为新村民

今年是回到乡村的第九年，很多事情都在慢慢发生变化，不仅事业，我自己也是。最大的变化是作息。以前在城市里，绝对是晚睡的，是否早起，要看需要，如果赶早班飞机，也能通过定闹钟早起，但那不是规律的状态，但凡到了周末，一定是睡懒觉的。

到了乡村，就变成早睡早起。我不是那种喜欢挑战自我的人，这个早睡早起，并非通过意志力实现，而是自然而然完成的。除了环境的原因，还有人的影响。比如你去找村民，晚上是不可能的，他们早睡了。早上也是，你如果说“十点钟我来菜地里找您？”，那也不可能的，像现在这个季节，上午十点，他们地里的活儿早就干完下山了。乡村都是复合型人才，他们有很多事情，像志文和建云，上午在工坊生产，下午就关门做别的事情去了。

他们也不是一味地早，会根据季节和时间调整，一年有农闲和农忙，一天也是。如果你想找他，就得跟着他的时间来。我们所谓的“产品”，不是以我们为主导，而是以他们为主导，自然而然地，我的时间也调整过来了。

学法律的人，讲究逻辑，目标导向性强，凡事都有时间进度表，整个状态也很紧绷，答应的事情，就一定要做到。但在乡村，不是我变得谦卑或者什么，而是，你只能接受。在这里，会碰到各种不可控的因素，不是你以一己之力就可以独立完成的。如果你尝试过种地，就会更能接受这些。把你该做的做好，至于今年收成好不好，是旱，是涝，还是风调雨顺，是你没办法规划和把控的。就是那句老话，“尽人事，听天命”。

做律师时，跟很多人打交道，看上去，好像也挺有见识的。但到了乡村才发现，城市里交往的所有人都可以归为一类，至少，大家都基于商业的逻辑。而在乡村，每个人都不一样。有句俗语讲，“凡是能用钱解决的问题都不是问题”。我们说错了，在乡村，钱解决不了的问题很多很多。

举个例子，如果你去跟一位村民说，“明天我们有个客人想去爬古道，挖竹笋，你能不能带他去一下？几点开始，几点结束，我付你多少钱……”，99%的情况下，你会被拒绝。哪怕大家愿意接这个活儿，这样的沟通方式也一定是不行的。你要反过来问：“你最近有没有计划去山上挖笋？我们客人特别喜欢，如果你哪天去，可不可以和你一起去？你挖的竹笋，如果刚好有剩的，客人也想尝尝，能不能把这部分卖给我们？……”

在城市里，一切都按照商业社会的规则运行，这确实是最高效的。但在乡村，尤其是在泰顺这样非常传统的地方，不是这样的。在我原来的逻辑里，“纯粹”“极致”“不妥协”，是挺自我认可的词，到了乡村就会发现，“平衡”最重要。

所谓“高效”，在城市里，就是用你的时间和精力去获得一份收入，再用你的收入去购买生活所需。但在乡村，论收入，我们这里的年轻人远远不如城市里的人，但有一天，一个年轻人说，“毕业这么多年，我现在觉得自己挺富有的，因为来村里后，终于每年都可以攒下钱了”。在乡村，如果你没那么多欲望，生存的压力是非常低的。年轻人都有独立的房子住，大家一起吃饭，人的时间和精力因而被释放出来，可以聚焦你想做的事。

现在人们喜欢讲什么“匠心”“长期价值主义”，大部分人从内心渴望这些，但没有这样的环境和条件。你去看商场里那些商铺，招商规则极度简单、高效，也极度残酷，如果你去仔细观察，可能每三个月就换一拨。

● 老宅子“文元”既是大家的食堂，也是这些从城市里来的孩子们的办公室。但比起对着电脑写文案，他们更多的工作是亲自动手。供图/墟里·徐岙底

● 从大人到孩子，从耕种到创业，想法都可以在乡村的天地里尽情释放。摄影/曹曈、蔡伟伟、张健

不是大家不想做长期的、有价值的事情，而是土壤的问题。在乡村，我觉得这些反倒有可能。乡村的难也是因为这一点，你必须清晰地确认，这就是你想做的，可能用三年、五年、十年，慢慢用时间换来做事的机会。

这些年，在泰顺遇到很多人，既有外来的学者，本地的乡民，也有政府体系里的人，因为廊桥、乡建这一类公共事业，所有人走到了一起。我们得到的看得到和看不到的帮助，非常多。“看不到的帮助”，其实就是包容你。当时能进来，就是对我们的包容，虽然我们把自己包装成开发商，但大家都不傻，几个小姑娘，没有钱，没有实际案例，但让我们进来了。

我们第一次汇报的时候，人们会提很多和自己的工作岗位没有直接关系的问题，比如，住建部门的人会问“泰顺的文化应该怎么做”，做水利的会问“古建筑的保护怎么办？”……第二次汇报，在泰顺县委大院，那是我见过最简陋的县委大院。我记得很清楚，我们从楼上下来，在拐角处，几个局长拉着我说：“小熊，不要气馁，你们讲得很好，泰顺也需要你们这样的团队，现在就看看怎样更好地回答书记在会上提的问题。”……我跟他们完全不认识，但他怕年轻人因为没有完全被接纳而撤退。

我们前两年做那么慢，招商局都要报进度的，总投资多少，今年投多少，施工进度是什么……我们当然也要报，但肯定是没有完成的，可是从来没有人找过我们，那就是你被包容了，大家不来干涉你，让你尽可能有点时间去做事。

前段时间，有朋友来泰顺做项目，他比我们有钱、有名，而且是政府邀请过来的。但他惊讶于两点：参加会议的人，除了政府官员，还有本地乡民。这些乡民会礼貌又直接质疑：你要做什么？怎么做？能不能做成？在泰顺做这个有优势吗？但说到徐岙底的时候，几乎所有人都很认可。“你怎么搞定当地这么复杂的关系的？”这是他的原话，城市人的逻辑就是搞关系。我说，我从来没有跟他们搞过关系，也没有任何技巧，可能他们会有“自己人”和“外来人”这样的两分法，我们在这里三四年，被接纳成“自己人”了。

回望九年前，我为这个最初的民宿品牌取名“墟里”，本意就是“村庄”。过去在乡村，尤其是浙南地区，人们主要基于血缘关系聚族而居，而我们想做的，是一个“乡村社区”，通过对文化、价值观和生活方式的认同，形成一种新的聚落形态，并用一个社区的力量，支持人们在乡村安居乐业。我从来都不反对商业，作为生活共同体的乡村社区所能激发出来的能量，必然包含了商业价值；而乡村良善商业的成功，是乡村价值最有力的传播方式，也是我这些年一路走下来的信仰之源。

*私家推荐（小熊）

①

徐岙底—文重桥—枫林村—北坑村—文兴桥—徐岙底

在我心里，有两个徐岙底。一个小的、内部的徐岙底，从公路边的路亭开始，顺着溪流上行，进入忠训庙、吴氏祠堂、红釉工坊、水尾厝、举人府、文元府、顶头厝，直到我们民宿区。一个大的、外部的徐岙底，顺着溪流下行，在路亭处汇入玉溪，往上至文重桥、往下至文兴桥，村子中央有大翁宫，那是筱村镇徐三公信仰的主庙，回应着我们村子内部历史最为悠久的忠训庙。大小、内外两个世界合在一起，才构成完整的徐岙底，既是一个可见的物质世界，也是一个内在的精神世界。这个精神世界里，不仅有祠堂的祖先祭祀，有忠训庙和大翁宫的民间信仰，还能从“文重”“文兴”这样的廊桥名字里，体会到先人对文脉的重视，这是一个文质彬彬的世界。

这条线就在家门口，如果时间允许，早上我会去晨跑，傍晚会去散步，夏天会去北坑外的水塘游泳，这是我们的秘密花园。

三条桥

所谓“最孤独的廊桥”，因为偏僻，所以周边环境保留得很好，而且要离开公路后走一段路，那段路是最好的进入方式。

翁山书院

泰顺县平均海拔五百多米，是浙江省平均海拔最高的县城之一，而翁山乡平均海拔八百米，是泰顺境内海拔最高的乡镇。翁山书院，位于梨垟村的一栋大厝“外翰第”内，是清代监生翁如陵建造的，有一百多间房屋，共四进院落。几年前，中国美院的翁志丹老师携同翁山籍人士在这里创办了翁山书院，用纯公益的形式，每年寒暑假为翁山籍和部分泰顺籍的中小学生提供教学和生活服务，这是非常泰顺的做法，梨垟村本身也是浙江省传统村落。

图片故事："红地起乌衣"

2018年6月，徐岙底项目的协议刚签下，小熊便邀请左靖工作室在徐岙底开展乡土文化挖掘工作。一年以后，2019年7月8日，借当地传统节日"禳神节"之际，"红地起乌衣"乌衣红粬主题展正式开幕。

选择红粬，因为这是徐岙底，也是整个泰顺最具代表性的风物。几百年里，红粬制作代代相续，每至冬季，家家户户都酿红粬。那时，连空气里都飘着红粬的香甜。

泰顺并不属于典型的农业社会。据历史学者祁刚讲，农业只是副业，是保底的。真正能够创造财富的，是商业。以徐岙底和筱村为例，玉溪下游汇入飞云江，飞云江直接连接海边的瑞安和温州，这是它们的主要商贸路径。而红粬，是他们的大宗经济。玉溪上游的东垟、新楼，一度依靠买卖红粬而发迹。后来受困于大时代的影响，红粬变成一家一户的家酿，或者像志文、建云这样的手工作坊。

但今年，小熊邀请厦门酿酒品牌"涩品"加入，准备将徐岙底乃至整个泰顺的红粬产业化，在徐岙底建一个新型的红粬产业园区。像她说的，以良善的乡村商业，来支持人们在乡村安居乐业。

供图/左靖工作室

制作工具

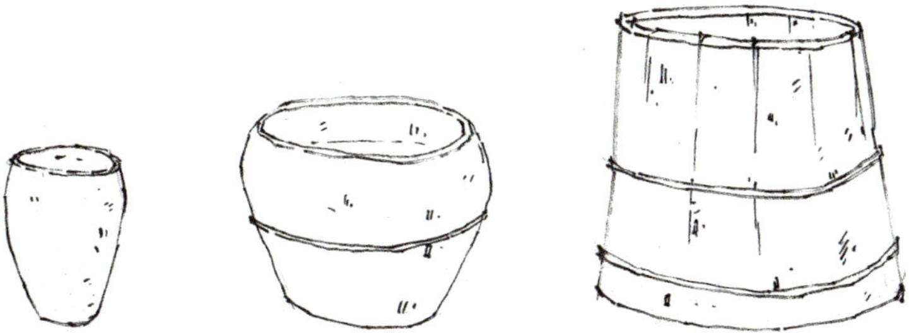

量釉工具：釉斗

浸米桶

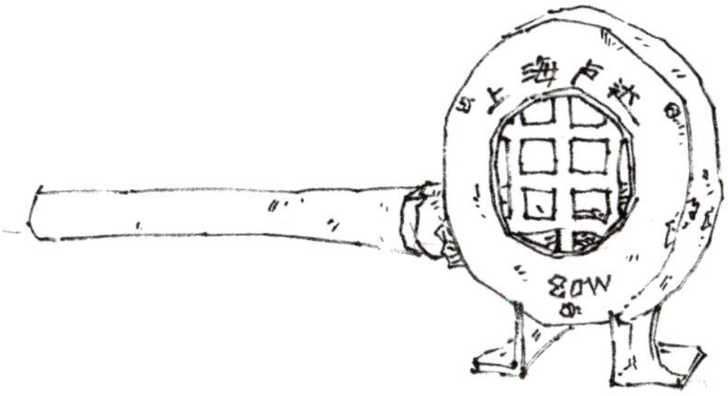

鼓风机

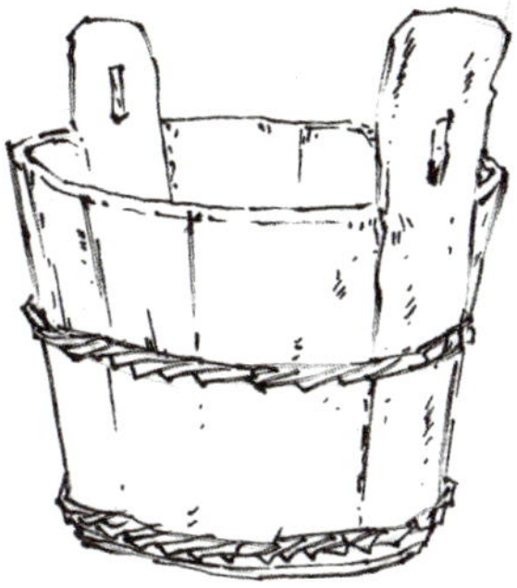

竹编饭桶

装釉竹编箩筐

竹编篮子

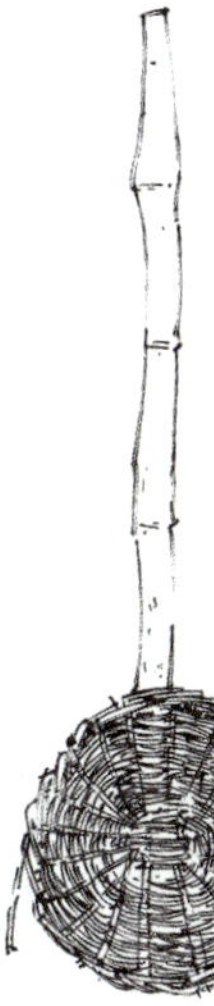

竹编漏勺

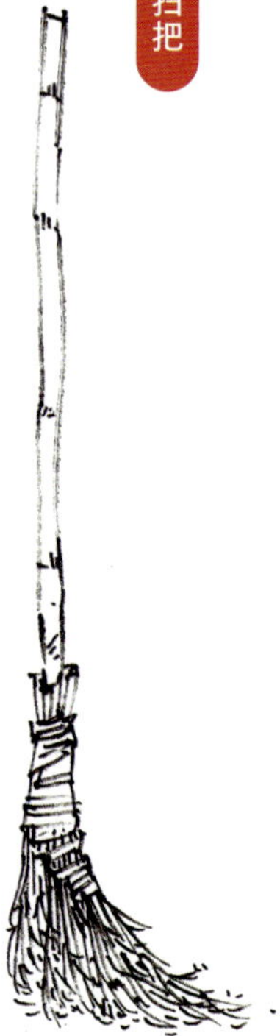

长扫把

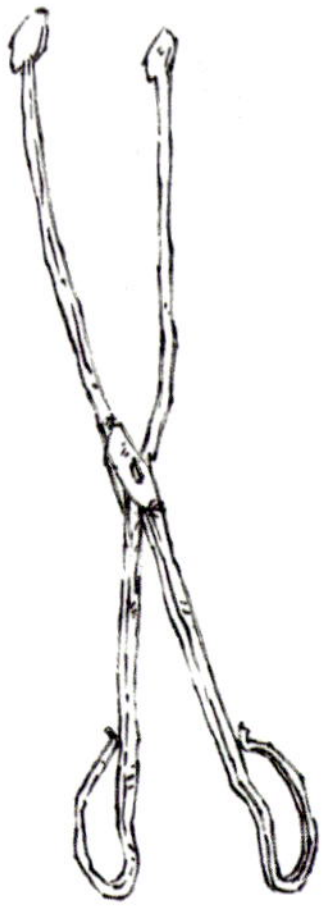

烧火钳

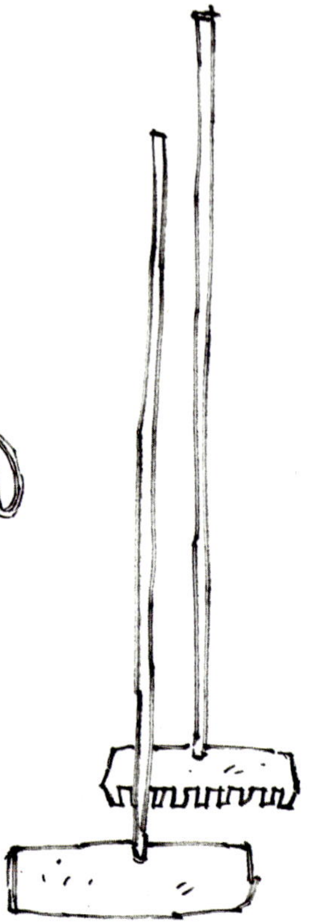

晾粬耙子

短扫把

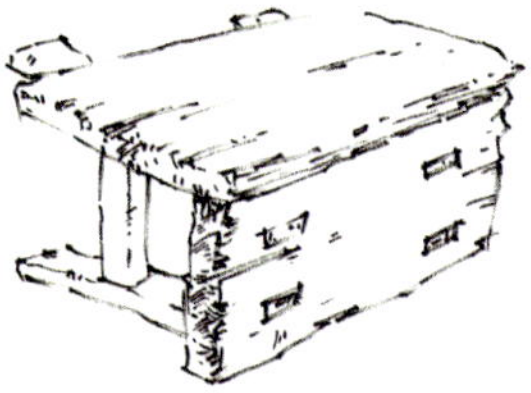

烧火椅子

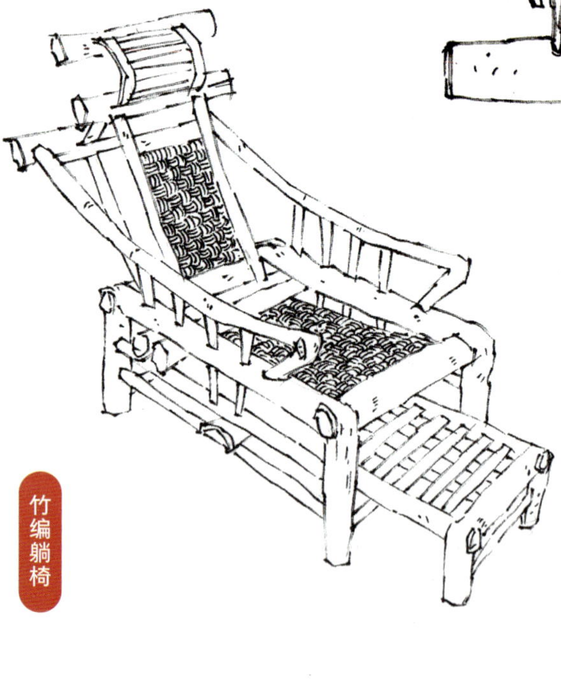

竹编躺椅

竹编椅子

制作流程

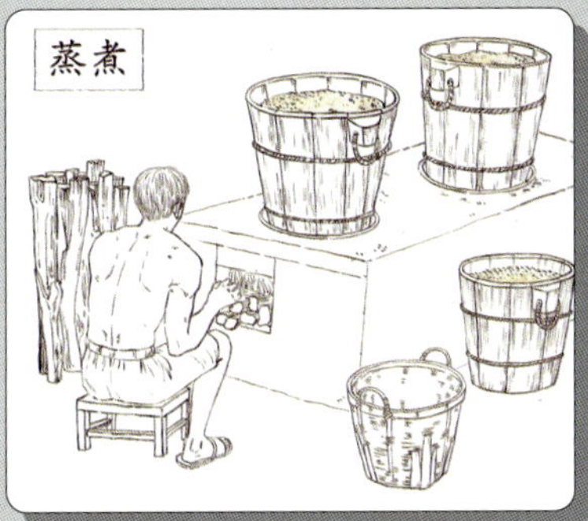

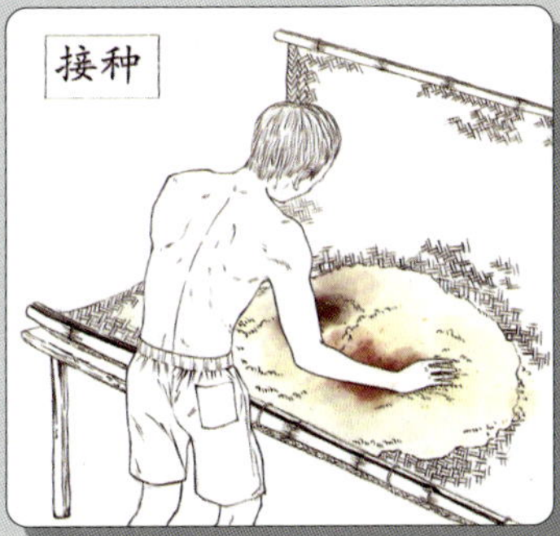

六月六禳神节·红粬展馆开展

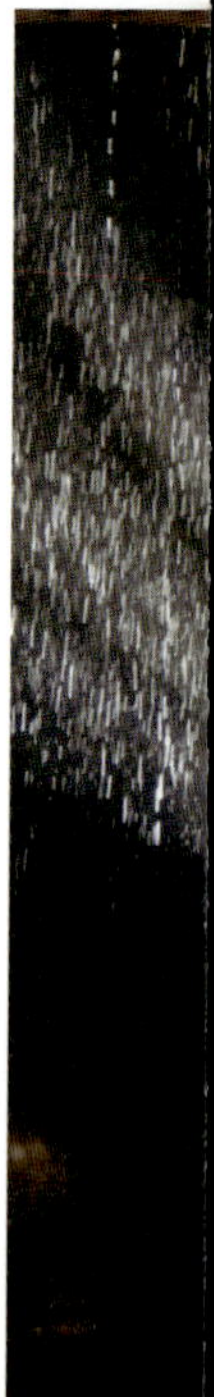

● 一边是红粬馆的开展，一边是禳神节的推进；一边是摇滚乐队的演出，一边是道士的唱诵、村民的香火……这一天，所有人都成了徐岙底的一部分。供图/左靖工作室

昆虫

图片故事：山野志

在左靖工作室展开调研的同时，“墟里”的团队开始了另一项调查：徐岙底的动物、植物、昆虫，乃至云朵、星空、种子、颜色……这样一种也许并不专业，却能建立我们和一个地方深度联系的自然观察，可以永远进行下去，可以由每个人在每个地方展开。它是一个人关于一个地方的山野志，每个人都可以写出独属于自己的那本，我们只是打个样。

摄影/杨希

白斑妩灰蝶

斑衣蜡蝉

黑褐举腹蚁

双齿多刺蚁

小点白毒蛾

透顶单脉色蟌

圆臀大蜓

姬赤蜻

漆黑瘤卷象

瘤象

巴东过路黄

凤仙花

鬼针草

地菍

凹头苋

半边莲

酢浆草

饭包草

风轮菜

地耳草

大巢菜

翠云草

薜荔

飞扬草

鸟类

白鹡鸰

黑短脚鹎

白头鹎

白鹭

丝光椋鸟

棕背伯劳

松鸦

赤腹鹰

棕脸鹟莺

牛背鹭

八哥

珠颈斑鸠

鹊鸲

白腰文鸟

远东山雀（大山雀）

图片故事：全家福

在泰顺，虽然各大家族年年都祭祖，却很少有相对完整的影像记录。2019年中元节，借徐岙底全村人回吴氏祠堂祭祖之便，我们为大家拍下了一组“和老房子在一起”的全家福。

摄影/李玉祥

HONEST

PARENTING

附录：墟里·徐岙底社区公约

徐岙底是一个社区，民宿是其中一部分。我们做的所有事情，都是基于社区这个载体。以这一年的工作为例，我们要建红糟产业园区、返乡服务中心，启动“数字游民”计划，创办乡野学校、CSA（社区支持农业）农场，并尝试建立新型集体经济合作模式，还要招募新乡民，做乡野生活节，甚至要做一本乡村杂志……这个社区里的成员，包含原住民、客人和新村民。为了每个人都能“各美其美，美美与共”，我们制定了一份社区公约。

——小熊

墟里·徐岙底社区公约

徐岙底社区是一个小型、互助、健康的社区，通过乡村生活社区营造与生活产业孵化，让乡村成为回得去的乡村。基于对中国理想乡村生活的探讨和实践，我们将在徐岙底努力重建人与自然、社区、个体的关系，建立和维护在环境、文化、经济上可持续发展的乡村社区。

生活篇

顺应自然，遵循本心

◆ 提倡工作与生活平衡，顺应自然，健康生活，多接触自然、土地、植物、新鲜空气。

◆ 亲近并尊重土地，采用永续的农耕方式，学习耕种、堆肥，按照自然的规律，建立生态循环，并乐于分享健康的食材。

◆ 应地、应季而食，减少加工食品的摄入，尽可能吃本地生产，无农药、化肥、激素、除草剂、抗生素的食物，并采用朴素的调味与烹饪方式。

环境篇

重拾与自然的连接

◆ 感恩大自然的恩赐，珍惜每一棵树、每一条水流、每一只小动物，在大自然中学会观察和欣赏，不打扰，不破坏。

◆ 在村里行走，不喂食、打扰村内的家禽和宠物，不破坏、采摘庄稼和蔬菜。

◆ 尽可能使用天然、无污染原料制成的生活用品，不使用一次性产品，垃圾分类处理，商品不过度包装，节约能源，选择步行或自行车等绿色低碳方式出行。

产业篇

支持乡村产业孵化

◆ 鼓励年轻人返乡创业，促进乡村产业孵化，由社区共同体提供在地支持、社区互助基金、资源链接等，让社区成员创造价值。

◆ 自觉遵守以上公约，发现他人的不当行为，主动温和地制止。

邻里篇

重建人与人的真诚联系

◆ 徐岙底是一个新老村民共存的社区，我们鼓励人与人彼此真诚信任，友好互助，互相照顾。

◆ 关心老人和孩子，关注教育，为孩子们提供与自然、与传统对话，适于创造和探索的环境。

◆ 给孩子提供宽松、自然、开阔的环境，帮助孩子建立更广阔的内心世界和丰富的感受力，提倡由社区成员与父母共同分担的社区互助育儿模式。

◆ 尊重在地文化与民俗，通过社区活动与传统节日，连接新老村民，形成有温度的乡村社区。

社区篇

实现自我，支持他人

◆ 多元包容、尊重差异，所有成员互相认同，彼此链接，互相帮助与照顾，共享公共资源。

◆ 乐于参与社区活动，共同遵守规则和维持现场秩序。

◆ 村内的活动、经营，应不影响邻居的日常生活，保持安静舒适的居住环境。

◆ 社区采用公众参与的管理机制，由社区成员共同讨论形成社区共识，共同发展社区，并根据每个人的能力，合理为社区贡献服务与技能。

古村落里的时空格局
——以徐岙底为例

祁刚 口述

泰顺是一个还完整保留着传统世界观的地方。每个人，每个地方，都有一个看得见的外部世界，一个看不见的内部世界；所有外部世界的努力，都是回归内部世界。

以古村落为例，从村落的选址、村落与周边的关系、村落内部的营造，到外在物质空间的构建，都是为了构建内在的精神世界。遗憾的是，因为时代的快速发展，大多古村都已不存或不全，但徐岙底还能完整见到。

小熊讲述的徐岙底，是从生活者的角度。在历史学家眼里，徐岙底的物质空间是如何排布，精神空间又是如何构建的呢？4月的某个午后，历史学者祁刚为我们做了一次长达三小时的徐岙底导览。借助他的眼睛，我们在徐岙底看到了一个内外合一的完整世界。

1.

要把徐岙底的空间讲清楚，核心是两点：一是徐岙底的“岙”，一是徐岙底和玉溪的关系。

唐乾宁二年（895），泰顺吴氏始迁祖吴畦公率全家从绍兴迁居库村。至第四世孙承褚公(吴承褚)，从库村迁至筱村枫林。南宋淳祐六年（1246），吴畦公第十五世孙莱公(吴莱)从枫林迁至徐岙底，成为吴氏徐岙底始迁祖。

枫林在玉溪下游，东岸；徐岙底在上游，西岸一条支流“小溪”上。从库村到徐岙底，中间有枫林这一百多年的中转。可以想象，在枫林停留的一百来年，吴氏先祖一直在物色另一处住址，最终选中了徐岙底。

吴氏家谱里记载有一则传说：吴氏先祖做了一个梦，在梦里，他想用枫林的房子交换徐岙底土谷神（掌管土地和农业的神）所在的村子。土谷神说：可以。

梦无法证实，但吴氏真的为土谷神盖了一座新庙，就是现在北坑村的大翁宫。土谷神无名无姓——泰顺乡间的土谷神大多无名无姓，就是一个小龛，或者一块石头，但到了大翁宫后，吴氏开始在里面供奉徐震，徐三公。

徐震是谁呢？他是泰顺仙居人，宋代因为镇压方腊起义而阵亡，宋钦宗因此封他为忠训郎。但仙居并不祭拜徐震，对徐震最早的祭拜，始于徐岙底。

没有人讲土谷神就是徐三公，但徐岙底人将二者做了“李代桃僵”的置换：将本土的土谷神置换为当时官方认可的徐震，用官方支持的信仰来为自己背书，因此获得正当性。这个置换是很成功的，以神的居住权换来人的居住权，神换来一间房，人换来一个村。从此，土谷神从徐岙底搬到

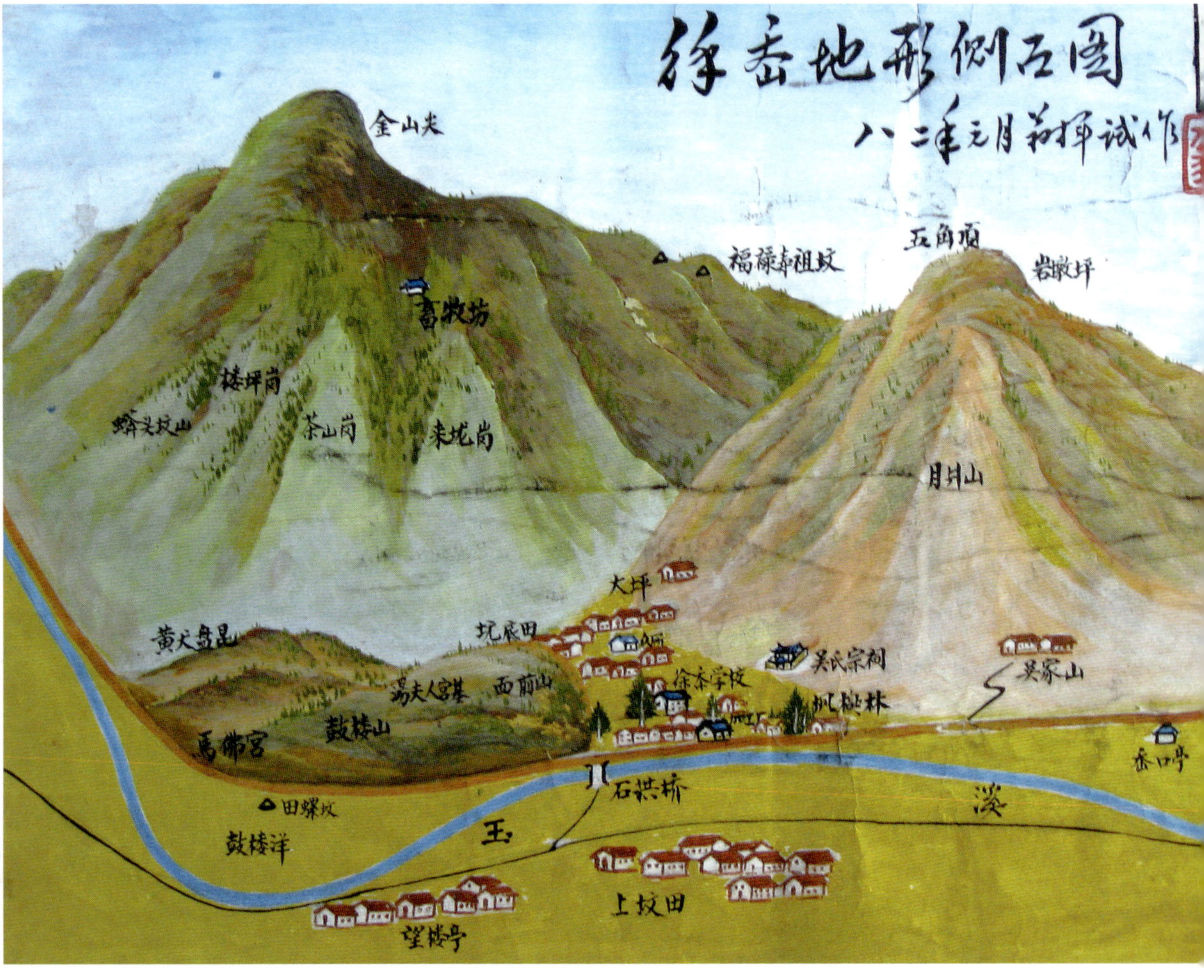

● 1982年的吴氏族谱里，有这张手绘的徐岙底地图，它完整地呈现了徐岙底的内部空间和外部空间。这既是一个物质空间，也是精神空间；既是实有的地理空间，也是人们根据自己所需，根据地理空间创建的文化空间。供图/祁刚

大翁宫，而吴氏从枫林搬到徐岙底。再进一步，吴氏定居徐岙底后，在土谷神的原址上重新做了神龛，也供奉徐震，并改名“忠训庙”。

对土谷神无名无姓这样一个模糊的文化资源，徐岙底人进行了一番创造，因而在地方上达成信仰的最大公约数。从此，徐震不仅成为徐岙底的信仰，也成为玉溪流域吴姓和林姓两大家族共同的信仰。

因为对神所居住的村庄拥有了所有权，所以就掌握了祭祀宫庙的主导权，这二者是应运而生的，也是谋划已久的。在枫林停留的一百多年，吴氏家族一直在筹划这件事。但毕竟不是言之凿凿的事实，所以吴氏族谱里这则故事讲得很隐晦，隐藏了很多他们不愿透露的细节和事实。也因此，只有吴姓人在讲这个故事，其他人不讲的。它是很好的借口，之所以建构这个借口，是为了解决入住权。移民活动里，最难解决的就是入住权，入住的事实得到认可，入住的理由还要被广泛接受，徐岙底人用了一个无可替代的理由，“我跟神换房子”，老百姓一般不愿意跟别人换房子。

当时徐岙底有没有人呢？应该是有的。但后来，徐岙底都是吴姓居民。也就是说，“土客关系”被消弭了。玉溪流域所有村落的历史都这样，林姓也好，吴姓也好，他们进来后，原有那些小姓都不见了，这是迁移神话里很典型的情节。

2.

进到徐岙底，吴氏花了一百多年时间，因而对于村庄布局有着精心的设计。

1982年的吴氏族谱里画了一幅徐岙底的鸟瞰图：玉溪像一条蓝色的带子绕过村口外；玉溪西侧，是大翁宫和望楼亭；过石拱桥，是玉溪东侧的徐岙底，从村口的古树到村后的山头，逐级展开。山头从左往右，分别命名为福、禄、寿。小溪自山脚流经徐岙底后，在村口汇入玉溪。村口北侧有鼓楼山，所谓“望楼亭”，正是望向鼓楼山。鼓楼山有山势，即“来龙”，大翁宫与鼓楼山，来自同一条“龙脉”。这是村子的外部空间。

村子内部首先要说的是村口的永济亭，它在小溪汇入玉溪处。从那里望向村子，只看见近处的树和远处的山，看不到人居的场景，这既是为了私密性、安全性，也是出于风水的考虑，要留住人气，而不是散掉。

紧挨着，一株树龄七百余年的南方红豆杉，那是村子的风水树。右转，是前些年刚立的百岁老人牌。泰顺不是传统意义上的长寿之乡，男性过了六十岁，子孙就会送寿匾，百岁十分罕见，而徐岙底有，说明这里风水好，这是村子的“人瑞”，特意立碑纪念。

再往前，一棵树龄千余年的亮叶水青冈，树下立着忠训庙，应该就是当初土谷神所在。泰顺大多地主宫就在村口古树下。泰顺有“插扦”的风俗，一个家族在迁徙途中，会沿路插上特殊种类的树苗。插扦的结果，既是动态空间的位移，也是事实结果的确认。所以风水树的历史，基本等同于村庄的历史。亮叶水青冈的树龄高于村口的红豆杉，也由此可见，吴氏迁来之前，最初的居住空间是从这里开始的。吴氏迁来后，重新在村口插种了红豆杉。这与族谱上记载吴氏迁来的时间也大致吻合。

忠训庙对面，寿山山脚，是吴氏宗祠。道光年间的吴氏宗谱里，记载徐岙底有了自己的祠堂生活（以前都去库村），从此开始单独、成体系的人才建设和财富积累，徐岙底的吴氏变得有名，也从那时开始。宗祠后是墓地，这也是泰顺大多村庄的格局，生和死的空间要分开，宗祠和墓地所在，平时不被打扰，人们只在清明、中元、冬至祭祖时才前往。

1. 玉溪
2. 永济亭
3. 树龄七百年的红豆杉
4. 曾经的徐岙底小学，如今已改建成“返乡服务中心”
5. 树龄千余年的亮叶水青冈和树下的忠训庙，右侧的房屋是吴建云的红釉作坊
6. 吴氏祠堂
7. 灰斗区域（建设中的共富工坊）
8. 古村咖啡馆
9. 红釉展馆
10. 水尾厝
11. 举人府
12. 文元院
13. 文司堂
14. 民宿区域
15. 游泳池和四人制足球场
16. 生活区域（新乡民招募中）

● 过了永济亭，走过这条入村的石径，就是千年古树亮叶水青冈和树下的忠训庙。摄影/杨林青

在村子靠下方的空间里，宗祠和神庙是一组核心关系。

忠训庙往里，整个村庄依次展开。

这里要讲到“岙”。什么叫“岙”？温州话里，两山之间的平地叫“岙”。“徐岙”的范围应该包括从福禄寿三座山的山脚到玉溪这一大片，而“徐岙底”，就是徐岙最靠近山脚的部分。

虽然“岙”是两山之间的平地，但徐岙底是略有起伏的。从忠训庙往里，地势逐级抬升：以最低处的水尾厝开始，最高处的顶头厝结束。越往上，房子越小，这说明村子是从上往下发展的。最初的房子就是小小的，至清代，尤其是乾隆年间，有资金实力，而且人口增多，也有现实的需要，房子越来越大。

村子中央是文司堂，也称众厅，是村子里最早的公共空间，处理家族公共事务。一开始是没有祠堂的[明嘉靖十九年（1540）以后，全国才开始推广祠堂，到南方，要到嘉靖三十年（1551）以后]，而且，祠堂是死去的祖先栖居的场所，活人的世界里还要处理很多和祖先有关的事，比如新娶的媳妇拜过公婆后，还要祭祖先，你不能穿着红袍去祠堂，就到众厅里来。

从后山到顶头厝、水尾厝，小溪流经整个村子。从枫林迁到徐岙底，看起来是吴氏想占地方，但最核心的利益，是占据这条支流的源头。泰顺一带最怕干旱，林姓在玉溪上游，吴姓在下游，如果林姓在上游把水拦住或者分水，下面就无水可用。选择徐岙底，就有多个水源的储备。

回过来看，村子的宗祠、神庙在外面，而把聚落全部推到靠山一侧，也是最靠近水源的一侧。空间上，一开始就处理好了生存、生活和发展的关系：山脚是生存空间；往外是生活空间；接近玉溪一带是发展空间，整个走向，就是从“岙底”逐渐推至“岙口”。

3. 道光、咸丰年间，也就是太平天国之前，中国南方村落迎来最后的辉煌。太平天国之后，因为地方动乱，一蹶不振，不光人才出不了，经济也跟不上，整个温州都被“金钱会”打掉。

而徐岙底的发展，和温州有很直接的联系。玉溪下去到岩头，岩头到下革，下革到江口，江口到莒江，莒江就是飞云江，飞云江下去直接到瑞安、温州，它是通过这条商贸路径进入温州的。我们在徐岙底看到的，只是它的居住空间，真正的商业经营和事业分布，是以莒江为中点，不断向瑞安、温州进发。它不是孤立的，也不是封闭的。从太平天国以来晚清的整体格局讲，这里小农经济和工商业的破产是意料之中的。不是人不行，是大历史的骇浪，最后在这里泛起涟漪。

我第一次到这里是2007年8月17日，那天台风刚过，老人说，风水被上一代用光了。后来花了很长时间研究，发现人的问题是其次，最大的问题是，生计模式断了。但人不会想“温州市场不行了，我得改”。人想的是“今年不行还有明年”。这最终导致一步错，步步错。

那时水源也断了，迁到徐岙底是为了“抢水”，但并不一定只是为了农业，生活用水是一方面，产业用水也是一方面。以前的人有农忙，还有农闲。农闲时，他会投身很多非农产业，跑运输、做小买卖，这是常态。就像这里的道士，农闲时做道士，农忙时种田。以前讲农业：靠农的人一定本本分分。农业是保底的，还要发展能够创造财富的商业：靠山吃山的山林经济，以及红釉（以前这一带每个村庄都做釉），这才是他们的大宗经济。但后来市场不行，东西出不去，整个家族、村庄，都开始下滑，到民国后更明显。

乡村社会的内在联结就是这么一步步退化的，但这个退化，不是他们

● 大翁宫里关于徐三公的介绍，这是理解徐岙底，也是理解整个玉溪流域的核心。（上图）摄影/曹曈

● 大翁宫内新换的梁柱，上面刻着“玉溪七境”的字样。祁刚说，其实应该是玉溪境内的七个村，大翁宫是这七个村子共同的祭祀中心。（下图）摄影/曹曈

本身的问题，是因为市场那端失灵。后来为什么要搬下去？再不下去没有活路，商业机会全在下面。

要从玉溪和山的关系来讲徐岙底的历史、格局及变化。很多时候，讲古村都意在讲“古”，没有讲“变”。如果不讲“变”，这个“古”是不成立的。

4.

玉溪沿岸，从上游到下游，主要有东垟上村、东垟下村、新楼、长垟、徐岙底、北坑、枫林、岩头八个村子。大翁宫的梁柱上，刻有“玉溪境八堡”（最初是七堡，后来北坑村加入，变成八堡），这既是一个地理空间，也是以徐震作为共同信仰的祭祀圈和意识联盟，所以用“境”，特指神明居住的空间，“境”下面是“堡”。

以吴姓和林姓为主的八个村子，会在农历六月六前后抬着徐震的神像游村。游神有秩序，谁先，谁后，是两大家族在竞争中磨合形成的地方秩序。常见的是，第一天从东垟（林姓）出宫，最后一天从徐岙底（吴姓）回宫。一出一回之间，吴姓和林姓的关系昭然若揭。最后由徐岙底的吴姓将徐震送回去，与当年将土谷神迁出去的场景是一致的。

虽然共同信仰徐震，但八个堡里，只有徐岙底拜徐震为主神。新楼过去以五显神为主神，现在也改为徐震，这背后是有企图的。它近几年经济实力上来了，想掌握信仰的主流位置。所以六月六是活态的，一直在变化中，而每一次变化，背后都有很多深层原因。这就是地方政治的仪式化，彼此间的政治关系，不用激烈的方式处理，而在信仰仪式中达成一致：先从林姓出发，但最后由吴姓送回，都表示我们对这段历史具有话语权。这是两个姓氏在文化创造里最高级的形态，斗而不破，和谐共生。

一间书院

牛背山、蜈蚣山、兄弟山、将军山、龟龙山，围出一块平坦的河谷。十余条溪水自山中流出，注入河谷中的南浦溪。南浦溪畔，便是库村所在。

唐元和七年（812），进士包全从今天的瑞安沿飞云江溯江而上，至河谷上游，见“溪水潺潺，林峦峭耸，舸牵既穷，乃弃舟登岸”，从莒江辗转到库村定居下来，至今已逾一千两百年。唐乾宁三年（896），吴氏开基祖吴畦为避时乱，举家迁徙至库村。清乾隆二十八年（1763），夏姓始祖自莒江迁入库村。三个姓氏，各自聚族而居，由此形成今天库村的三个小村子：吴宅（吴姓）、包宅（包姓）、新仓（夏姓）。

三大家族，尤其包、吴两家，自迁入库村，便耕、读并举。2014年，外出闯荡三十余年的包氏后裔包登峰自杭州归来，在包宅创办库村书院，一边读书、讲学，一边种地、砍柴、牧羊，继续祖先“耕读并举”的文脉。

忽如远行客

包登峰&黄菊　对谈

完全不想采访包登峰，在快速浏览了一两个他的视频后。

一个老人的容貌，习惯穿深色对襟棉衣，驼背，齐耳长发（像从未打理过），声音沙哑而洪亮，喜欢掷警句……在一个千年古村，守着一家书院。一切都像个老学究，或者，现代版的孔乙己。

但，当问到泰顺有什么有意思的人时，所有人都回答：库村书院包老师。

早上9点，穿过南浦溪，穿过已有一千两百年历史的库村老街，库村书院在其中一条窄巷里。敲门，里面有人大声问“谁？”，报上姓名，门开了，我们进去后旋即又关了。是包登峰，他和视频里的样子一模一样。心里叹口气，唉，要白跑一趟了吧！

他引我们楼上楼下各个角落参观一遍，罗列这里做过什么事（库村论坛、乡村电影节、艺术写生等），来过什么人（从县里到市里、省里，各层领导）。最后一个导览环节，是看一部十几分钟的纪录片。他在片子里说起一些话（“没有牧羊人的世界是孤独的”“哲学是怀着永恒的乡愁寻找家园”……）时，诚恳至极，我心里某些东西正在发生变化。

下楼，坐到院子里，四周遍植桃、樱、梅、荷、紫薇、石榴、柚子、银杏、蔷薇、凌霄、睡莲、狗尾草、车前子，地上一层地衣，很温柔。太阳刚出来，暖融融的。

忽然，两扇木门吱呀一声打开了。一位完全像牧羊女的姑娘，又粗又长的麻花辫，藏蓝色棉布长裙，湖水蓝扎染布帽，斜挎一个帆布包，抱着一大捧青草，赶着两只刚出生的小羊，进来了。

就从两只小羊出发，我们开始了一趟奇妙的旅行。

● 清晨，包登峰和妻子刚从山上放羊回来。摄影/曹曈

❶

黄菊（以下简称“黄”）：羊生下来就可以走动吗？

包登峰（以下简称“包”）：嗯，今天是它们第一次出门，院子门槛高，我训练了好几天。

黄：你做个书院，还养两只小羊！

包：以前更多，十几只，后来吃不消，送到筱村公社（一个新型乡村社区）去了。

黄：放羊还是很累？

包：那当然，每天都要去。以前有工人，这样我不会玩物丧志，后来工人不在，就送走了。

黄：你也会去放羊？

包：放了五六年，几乎每天都去一次，下雨就要割草。

黄：你也割草？

包：我小时候就搞这些，渔、樵、耕，这是“60后”都会干的农活，现在小孩子都搞不来。小雨（刚进来的牧羊女）是跟我学的，学了三年多，现在很好了。

黄：放羊，不是赶到山上就可以了？让羊自己吃草。

包：如果羊放不牢，把老百姓的菜吃掉，就得按规矩来，该赔就赔，不赔人家就会不开心，他辛辛苦苦种的，虽然也不值钱。放羊学问很多的，羊多了还会生病。

黄：你在刚才的片子里讲道：“没有牧羊人的世界是孤独的。”

包：当时我写了一首诗，希腊神话里不是也有孤独的牧羊人救了俄狄浦斯王的故事吗？一个人回来认识故乡，通过这些，可以找回通向内心的道路。人的一生就是自我认识，当我们把这个问题逐渐搞清楚，或者搞清楚一部分的时候，你会明白一些哲学上的思考：我是谁？从哪里来？到哪里去？这个永恒的话题可能是无止境的，但人必须有交代。

说得再通俗一点，就是自我救赎。现在互联网时代，就像以前读书一样，你感觉知道很多东西，但我认为那个不是“道”。什么是“道”？我不知道。然后干什么？去做，去进行。

比如我想到放羊很浪漫，就去放，结果发现并不浪漫，很残酷。羊生小羊的时候，会危险，比如难产，我就掉下眼泪来了。小羊跪下去吃奶，羊妈妈又把血腥全部舔干，把胞衣都吞到肚子里去。你要把死去的羊埋了，我埋过四五只，半夜三更去埋的时候都有。

我会给我的羊取名字：剑客、思想者、谷雨、夏至、星空、廊桥……还要给它们写文章，《红楼梦》里，一个丫鬟死了，贾宝玉不也写吗？现在这两只小羊是剑客在二月初八那天生的，所以就一个叫二月，一个叫初八。

说起来浪漫，其实都是生存，把血腥舔干，原先是为了防止其他动物侵袭，舔干了，剩余的血腥味传不远，它就放心了，可以保护活下来的小羊。这里就有忠孝节义的问题，还有方法。不管写作还是做生意，方法是很难的。爱情也是这样，婚姻又何尝不是？我跟小雨讲，我们可以一直谈恋爱下去，这样你就会觉得谈恋爱是一个活动，大家要注意方法。

黄：怎么通过放羊、种菜、砍柴，认识自我？

包：把握好度。羊不能多，多了就真变成放羊的人了。砍柴也不能太累，累就变成了樵夫。读书也是，开始广泛读，后来精读，要把它当成一种休养生息，同时为我所用。我目前的“用”，除了修身养性，还有写作。因为写作要体力，所以放羊、砍柴、割草只是为了锻炼身体，我再也不能去长跑了。

黄：以前跑长跑吗？

包：嗯。有个长跑冠军，我同学，整天练体育，过度了，后来没考上大学，留在乡村，常喝酒，再后来去世了。我为他写过一篇小说，《跑出筱村》。我们都是筱村人，那时候，库村也属于筱村，他说要跑出筱村，最后跑到天上去了。他本来可以进省队，因为腿受伤，进不了。所以我说要把握度，一切都是如此，过了肯定有伤害。

总的来讲，通过放羊，通过种菜，通过九年的耕读，首先认识自我，然后注意一些方法，慢慢去感悟，去体验。转眼间，九年过去，我今年就六十岁了。

之前我在杭州、北京、云南、湖南都待过，爸爸去世后，我妈也跟我出去过，但肯定都是没有根的。在北京的时候，我还在延庆搞了个“东方慢乡”的规划，那里风沙很大，冬天很冷，一片树叶都找不到，怎么实现“东方慢乡”呢？更早的时候，20世纪90年代，我在温州还想租下一整个岛，想做“秋雨书院”。那时跟余秋雨有一面之交，想请他题字，结果他辞职，跟夫人马兰回乡下去了。

很多人说我怎么回来后突然搞一个书院，他们都不知道这些前缘。后来我在育英教育集团工作，搞行政，也上课，再也不提“书院”“慢生活”“文学”。文学的字一个都不写，专门写报告，赚钱嘛。搞了十几年，机缘巧合，我也累了，就回来。

回来也不是搞书院，就是跟妈妈在一起。她在杭州无法生活，夏天热得不得了，我儿子一下车就说，“天堂”怎么这么臭？去城市买一把锁，把自己锁在一个套房里，一辈子都被按在地上摩擦。

我写了篇文章，《遇见书院》，里面的开头是真实的。我跟领导说，我明天回老家。他以为我只是回来看一下，结果回来就不回去了。我就带了一个摩托罗拉的手机，什么都不要了。那时大学城里正回荡着萨克斯《回家》的音乐。有一年他打电话来，“你还没回来？”我说我不回去了。他说来看我。两个春天过去了，他还没来，还在红尘中挣扎。

回来是想写东西，有个朋友说，你搞个书院，我们也来玩。一搞起来，很多人，尤其是游客，都想进来。后来几年，书也写不出来，有部长篇小说，写了几十万字，现在就搁在那儿，根本没时间应对。今年肯定要出版，否则，我就违背了初心。至于乡村怎么搞，文化怎么搞，这些不是我的专业。那些企业老板老是问我：什么是生意？我告诉他，生意，就是生命的意义。

回来这些年很开心，财富不一定自由，时

间比较自由。一个人主宰世界是不可能的，但可以相对主宰自己的时间。汉语里讲“度”，就是方法。几年下来，慢慢地，我会找到时间的感觉，存在的感觉。小雨是县城的。在杭州的时候我先回来，她说你回哪儿去？我说回老家。那个乡下怎么待得牢？我没说。一年以后，她来这里就再也没回去。你光跟她讲，没用的。像我儿子，他说乡下的路都不平，后来也常常回来了。

黄：儿子在哪里？

包：有时候在杭州，有时候在上海，有时候在温州。小孩上班好几年了，他单位具体在哪里我不知道，住在哪里也不知道。我说，现在你独立了，以后有问题自己解决，解决不了的问题请打110。这叫放下嘛。

黄：包老师逍遥。

包：他们说我是逍遥派，实际上肯定是不逍遥的，只是给人这样的感觉。爸爸如果还在，我没办法做到，他是校长，思想很传统。他在世时，我也在体制内工作，是大学城里的处长，按待遇也是正处级的。我放下这些东西，包括一部分财富，肯定是有挣扎的。

我回来，初心就是写一点文学的东西，留给自己看看，后辈看看。《库村笔记》是回这里后写的，刚才说的长篇小说，叫《忽如远行客》。“青青陵上柏，磊磊涧中石。人生天地间，忽如远行客”，这是《古诗十九首》里我最喜欢的一首。我在家乡也日夜思乡，为什么？我的家到底在哪里？忽如远行客！这本书前后用了十几年时间，是我最用心的一本。

黄：会带一点自传性吗？

包：我的东西都有一点自传色彩，但是不多。《戏台湾》那篇小说里的自传性比较浓，但也是三个人合在一个人身上。当时我考大学考了五年，从1981年考到1985年，这五年经历了很多。有一个同学吊死了，他考了多年，没考上！经历恢复高考的那一代，都能引起共鸣，考几年很正常。

高考五年，前面四年都在写诗，结果考大学就完蛋了。之前在筱村读书，后来去县城重点中学插班。校长说，你这点成绩，总分加起来才100多，怎么插班？我也是有点个性的，乡下人嘛。我说，我读书是业余爱好，干活儿是我的专业，能不能试读一个月？他说可以。一个月后，我是班里前五名，但很快又下去了，那一个月是靠背的嘛。但我对老师说，我不但要回到这里来读书，还要回来当老师，你信不信？很多年后，我真的回来当老师，还当行政领导。还好没讲我要当校长，后来也当过校长，但不是在那所学校。九年前，一个领导说，包老师如果不离开泰顺，可能是教育局局长。

很多人不理解我，我也很少跟他们交流。交流很累的，不要学会说服一个人，你要说服自己也不容易，说服亲人更难，你叫我妈菜不要烧起来，不可能的！她一定要烧几个菜给我吃，后来我就放弃了。

我回来待了九年，待九个月人家不奇怪，待九年，还要继续待下去，那肯定是有思考的。

我的“库村论坛”举行了二十八期，第八期的时候，觉得搞这个很累，但是到了二十八期，从量变到质变，现在全世界都知道了。当时是我写库村，现在我不用写了，他们会来写，你看省了多少宣传费，你也来了，哈哈哈。

❷

黄：你这狂傲不羁的劲儿是怎么来的？

包：小时候爸爸打我，我都不哭的。我很少哭，也很少说话，村里人问我，我不应的。他们跟我爸爸讲，我说，我在思考其他问题，或者低头看地上有没有钱捡。小时候会市（赶集），看电影，都会在街上低头找钱。上个月库村会市我还去找，妈妈问有没有找到，真的捡到几块。这就是一种乐趣嘛。你不可能整天写作，放羊是锻炼身体，砍柴也一样。有一次情人节，小雨叫我送花儿给她，她喜欢花儿，我是不大喜欢的。但她跟我一起后，从来没提什么要求，我就去山上砍了杜鹃花挑回来，整担送给她。

黄：所以你这股劲儿是生而有之？

包：可能是小时候残酷的现实磨炼了。我们这里有个方言，我学不来，“biao”，就是固执，不会放下。执着过了就会放下，不去磨炼怎么放下？我不在外面云游将近三十年，现在在乡下怎么待得牢？

年轻的时候去云南支教，身上只有二十元，而一双拖鞋要二十五元，我也不借，暑假过了，工资发来就买拖鞋。所以可能跟生活环境有关，我从小觉得很孤独，打架也是，常常被打，然后我自己慢慢开始锻炼身体。

黄：你那时候个头也比较小吧？

包：对，算班里前五个比较小的，坐前排。他们欺负我，但我也不怕，到了初、高中，我就练武术了。有个老师，是杭大体操系毕业的，他觉得我挺可爱，就教我。我学长拳、高低杠，还有两项体育成绩达到国家级标准，现在还可以翻跟头…… 后来别人想打我也难了，从此身体也就比较好了。

黄：泰顺还是一个非常传统的地方，你怎么这么“无法无天”？

包：我在北京办过“摇滚与文化”，当时很多粉丝，后来被取消了。那时腾讯很厉害嘛。搞个网站这么厉害？我也搞一个，就搞了个“中国摇滚语文网”，哈哈。

大学的时候，公安整天找我。我头发这么长，大衣穿起来，公安查了我的档案，发现我党龄比他长，我是1987年入党的。

（聊天期间，门外很多旅游团队走过，导游举着旗子介绍库村书院。）

黄：刚刚听到有人讲，这里（书院）是廉政教育的地方。

包：有一次，一个记者在这里听得笑起来，外面有好几种版本介绍我，说里面有一个道士，有一个作家，一个什么什么人，我都不管，反正导游乱讲。

● 书院的角角落落，是包登峰的整个生活世界，也是他全部内心世界的呈现。摄影/曹曈

黄：你小时候具体生活在哪里？

包：我出生在南浦溪，从前面这座山翻过去，另外一个村，南峤村。中华人民共和国成立前爷爷是工商户，在库村“聚泰堂”经营南北杂货，现在我们和妈妈住在那里。中华人民共和国成立初期，国有企业供销社成立，提供物资给老百姓，是计划经济的一部分。我爷爷作为工商户，不能在这里，就搬到南峤村。我爸妈在那里结婚，我也在那里出生。大概一年不到，我爸去筱村镇工作，他也是“文化大革命”前的师范生，毕业分配到那里，我妈就带着我去了筱村镇葛垟村，在那里生活到六岁，碰到“文化大革命”后期知识分子下乡，要归队接受贫下中农再教育，下放到库村，所以我是六岁回到这里。

黄：上学后就一直在这里了？

包：对，在这里读到初二，这里没初三，就去筱村读初三。读到高二，又没高三，就直接考大学了，所以肯定考不好。20世纪70年代末，学校里常常没有老师教课的，体育老师教历史、地理、政治。那时武术学了一下，打球学了一下，体操学了一下，就去考大学了。考不上，就走路去县城，找到泰顺一中的教务处主任。胆子很大，我说我要来这里读书，他不让我读。后来班主任看到我名字，他认识，我的名字是他取的，他也是我爸爸的班主任，我爸也是泰顺一中毕业的，奇妙吧？他就让我试读一下。

试读还是从高二开始，班主任教历史，第一次单元考我考了第一名。我也不读的，就是把要考的全背下来，连注解都背了。英国占领非洲多少土地，他说那个不考，我说我也背。

那期间写了一首诗，在省里获了奖。那次都是作家获奖，只有我一个学生。我说我成功了，不读书了，哈哈哈，结果那一年没考好。第二年，提高了一百多分，但碰到我奶奶去世，伤心得很，没心思学了，又没考上，差七分。后来考，又差一点……第五年，下定决心，再不考上就讨饭了，文学、诗歌也不写了。以前都没好好读书，我就从小学五年级的书开始复习起，自学，一直学到高三。考的时候我就知道，今年没问题了。就这样考上了温州师范学院。

黄：那时候从泰顺去温州要怎么走？

包：1985年我去读大学，先走路五小时到文成县，当时泰顺往这个方向没有公路的。从文成再坐车，走飞云江，可能要一天，到温州已经天黑了。但是我很开心，走路时能看风景，库村边上都是岭：库岭、漈头岭、峰门岭、莒江岭，四条岭，就是四条古道，像原始森林一样。

这些是外界都不大清楚的，现在的人静不下来，不去探索这些。我看上去也是不安静的人，只是因为碰到你们，我就不安静了嘛。你们没来的时候，外面翻天覆地，我坐在这里，胸口对着桌前这个木头，可以一整天不动。

我表面是动的，但总体上，性格里有静的成分。因为童年时代很孤独，父母亲都参加教育事业，搞“文化大革命”，我从小就在家里带着弟弟两人生活，养猪、干活，七岁烧饭，八岁放鹅、鸭，砍柴，所以背也有点驼。苦起来实在受不了，就去考试，因为考上大学就能让粮食转正(国家会发粮食)，有大米饭吃，不然就是吃地瓜。所以大学老师问我为什么考师范。我说想吃大米饭。他说有没有高一点的理想。我说穿皮鞋，我是穿草鞋的。他说能不能再高一点。我说为共产主义事业而奋斗，他就录取我了，那时候考大学是要面试的。

我们能做的事情很有限，如果没有很多机缘，你就做不了，那我只能守住我的论坛，一天一天生活，也无怨无悔。如果有一天感到不开心，我也会离开库村，因为库村已经留在我心里了，没关系。从历史长河来讲，它终究会消失，地球都会消失。

黄：所以你也不会为美好东西的逝去而叹息？

包：失去的东西，我做到四个字：无怨无悔。我是经过认真思考才选择的，没什么后悔，家庭、事业、写作，都一样。当然有一些小遗憾，但是不后悔。比如工作，爸爸在的时候我没有辞职，直到他去世之前，他是不知道的。但是妈妈没有关系，她可以接受，女人承受痛苦的能力会强一点，因为生过小孩嘛。爸爸也要面子，我复读了五年考进去，最后居然可以把这个铁饭碗砸掉，还可以照样生活。我坚信一点，中国已经解决了温饱问题，我饿不死。当时考大学就是为了“面包”，但是我没料到考进大学以后还有哲学，还有文学……比“面包”重要的东西还有很多。

到现在，不少我的同龄人都显得苍老，头发都没了，人都像老年人一样。我这几十年在外面云游，很快乐。人们也不知道我经历了什么，经历就是财富。

2013年，泰顺招商引资的时候，他们问我明年回不回来，我说回来，明天就回来。县领导说：你回来干什么？我说做房地产。什么房地产？我说，思想房地产。他说：投资多少钱？我说：五十块，买两包烟就够了。你们卖平方，我卖立方。他说那价值很高的。我说对，无价。一直搞了九年思想房地产。

黄：你有这么深的悲心，反过来却如此乐观。

包：你这句话讲得好。我有个老朋友，有次回来和我讲了一句话，在他印象中，我是比较摇滚的，“想不到今天，你很多观点都比较平和”。

黄：六岁到初二期间，库村的生活场景都还历历在目吧？

包：早上起来早读，很奇怪，当时都是这个风俗，小孩子不管考不考大学，反正早上要读唐诗宋词，这是我爸爸规定的。早读后要去挑水，然后就排好队、唱着歌去学校，看到老人，路让出来给他走，站在外围，让老人安全度过，这都是小时候的规矩。

整个村落炊烟袅袅，牛羊成群，完全是农耕时代的世外桃源。当时没这种感觉，现在回忆，树很多，后来都砍了，只留下几棵柏树。

人们都干农活，像我爸爸，腰间捆着柴刀，上课的时候，柴刀先放在旁边。我妈妈是农村的，我们都是农民粮，有自留地，所以他要一边务农一边上课。有段时间是按大队分，一队、二队、三队，我是第三队。我家没有劳力，爸爸不算劳力，他是国家的人，我是半个劳力。口粮是公家分的，像今天这种晴天，分给你很少，这种天气的稻谷是好的，下雨的时候就多分一点给你，是烂的。所以我从小觉得人心可怕。过年都没饭吃，爸爸去山上买了一担地瓜，我心想，完了，过年会饿肚子。我后来写了一首《寻找粮食的年代》，他们说写得很好。那时饿死很多人，这个村也有。

泰顺有个村，听说半个村都死了。我是1969年出生的，20世纪六七十年代，常常饿肚子，我本来身高一米七肯定有的，但因为饥饿，没有达到。所以我从小就想离开库村，现在想起来的“世外桃源”，那时就是两个字：落后。

现在他们搞乡村建设，我会提出一些观点。中国几千年农业，不是几个人就可以搞起来的，要慎重；它很复杂，很难振兴，但还是要振兴，这里就要有方法，有人才。现在国家的人才，四个字：青黄不接。但也不要担心，总会有的，我还是往积极方面想，比较乐观。所以考不上大学那几年，我回到库村还唱着歌。村里人说，他考不上还唱歌？那哭啊？！没用的，唱歌就是为了不哭嘛。

黄：文学的萌芽，就是从那首获奖的诗开始的？

包：对，还在筱村上高二的时候就有那种感觉。筱村很苦，冬天很冷，没有被子，没有衣服，我以前穿单衣，冷死了，脚都冻了。后来去县城，现实比较残酷，有同学死了，夜里他们都跑了，说有鬼，我不怕，我在坟墓边背英语，觉得那里很暖和。他们说我胆子大，但心里是悲伤的，就写了那首诗——《生命》。这是我人生中第一首诗，从此以后，我就用诗歌来表达内心的情绪。

❸

黄：你总说云南的云游，那是一段怎样的经历？

包：一言难尽。我写过一篇小说，《寂寞沙洲冷》，就是写在那边几年的生活。当时福建一个教育集团的老板，搞房地产的同时，也办学校，机缘巧合认识，就去了。当时我是德育处处长，又当班主任，整个地方最好的学生都集中在那里，对那些孩子很有感情。后来北京那边叫我，就去了北京。

在云南的时候，有些孩子把我当父亲，我有点怕给人家当父亲。他们很苦，叫他拿两百元学费，没有，家里没钱。我去家访，他家也没房子，就在树上搞一个窝，赤脚就爬上去了。他妈说，没有学费，牛拉去好了。我说那不要了，我帮你付了。但孩子读书挺好，迟到了，我堵在门口，“为什么迟到？”他说去挖马铃薯了。马铃薯这么大（两个拳头合起来）。“挖来干吗？”“送给你啊。”我说：“好，请进。”学生们都在那里笑。

有一次泰顺地震，妈妈打电话来，我就赶回来了。听说我可能不回去了，学生们都哭。女同学去我房间看，我房间没锁，也很乱，就把我的衣服被子全洗了。等我夜里八点多赶到云南，怎么没被子？他们说晒在外面了。还是很感动的。

那时我有个副班主任，是弥渡的状元，满怀豪情地来到我们班，校长说，当我的徒弟。我们班是当地第一名，其他人嫉妒、打击他，甚至背后动手脚改卷子，他很恼火，差点打起来。后来他考到公立学校，我预感到他会更痛苦，因为他是纯洁的。后来他在奶奶坟前自杀了，留了张纸条，那时他刚去公立学校不到一个月。在苞谷地里挖了个坑把他埋了，我就回来了。

这些事对学生的影响也挺大，开始懂事起来。现在学生还记得，他的理想是办一所希望小学。我当然想辅助他，但谁料到他会自杀呢？大学毕业我就知道社会是怎么回事，所以抵抗力很强，但同时要保护学生，那就很不容易。

我经历那么多事情还这么乐观，可能就是天性，还有文学、艺术的影响，要不然你怎么办？《寂寞沙洲冷》感动了很多人，文字里有一种流动的东西，我也不知道那是什么。我刚去学校时，班主任还没定，几个学生在下面议论，说，要是这个人当我们班主任就好了，后来果然是我。他们判断，我这个人喜欢孤独，“但是他会带领我们开心，不忍心整天寂寞着，用快乐来抵消”。他们很懂事，后来都考上了。

黄：你这样无法无天的一个人，说起学生，又像慈母。

包：我很喜欢当老师的。我在温州师范学院中文系念书，就是现在的温州大学。毕业的时候，有留校指标，我也填了表，老师觉得我比较成熟，希望我留校。结果第二天我就跑了，我说我要回老家教书，我是我们系里唯一回县中学的。

我教书很用心，每天5点起床早读，我不到，学生可以不来。我到了，你迟到，要站那里道歉。我背的书你要会背，我背不来的你也不用背。学生犯错误，我做俯卧撑，因为你是我的学生，我体罚自己。学生哭了，说老师不要再做了，我下次不敢了……我的教育是这样的。学生犯了错误，法庭上见！班级也有法庭，你可以请律师，我是旁听，这也是我的教学理念。

黄：放在今天都很酷。

包：对啊，后来我去了浙江一个教育集团。在集团里，我是十佳教师，但我不要，我要评给外地教师。后来认识她（小雨），结婚，压力就来了。小孩子出生，老师工资很低，她又在乡下教书。听说调到县城很难，我就把她的行李搬到租来的车上，运到县城。我说，不要调了，跟我去闯江湖。后来我们投奔一所私立学校，再转到另一家教育集团，一直到九年前回到库村。

黄：你去了那么多地方，每个地方都有各自的环境、文化，但人性的善、恶、残忍，好像又是共通的……

包：小时候经历了那样动荡的时代，包括父母亲的待遇，我妈妈粮食转正的事都有斗争，所以从小就觉得，人心偏向恶多一点。大学以后，一直到今天，我比较固定地认为，不善也不恶，它是永远变化的，是天使和魔鬼的结合体，包括我在内。今天碰到你，我是很美好的，我是

● 这是包登峰最喜欢的库岭古道。今天，古道上人迹罕见，但风貌依旧，进入其中，风景和人都有了古意。摄影/桃儿七

说这个时候，等一会儿就不一定了，我也无法保证。但宏观上，因为接受过高等教育，我会好一点。我不能断定将来的事，所以有个词叫“盖棺论定”。我们学习文化，感悟人生，包括写作、音乐、艺术，包括亲情、爱情、婚姻，都是为了压住那个魔鬼。《约翰·克利斯朵夫》里有一句话，“真正的英雄绝不是永没有卑下的情操，只是不向卑下的情操所屈服罢了”。没有纯粹的善人，也没有纯粹的恶人。

亲人也一样，比如妈妈很爱你，但她可能以爱的理由束缚你，最后客观上也影响了你。所以说，爱，要说出理由，并留下证据。证据很重要，很多孩子就说爱，爱出问题了，所以要犯法。怀着美好的愿望，去破坏美好的事情，这难道不是悲剧吗？但这并不能说明他是恶的，所以说人性就是魔鬼与天使的结合，人要斗争一辈子。

早上谈到自我认识，这是我人生感悟的一个通道，就是认识我是谁。我身上也有恶的成分，人的恶上来了，就不会考虑太多。所以学武术的时候，师父叫我走路时手要放在后面，原因就是，当你冲动的时候，手从后面到前面，这个过程大概有半秒钟的思考，你会冷静下来。后来我都学着冷静，特别是从事教育后。

在云南那几年还是比较美好的，静静地跟他们相处。我是一个人，赚来的工资大部分花在路上，过几个月要回来一次，回温州，回杭州，跟家里人聚一下。

黄：听包老师讲这一席话，像看了一部八小时的电影。

包：这是我九年来第一次讲这么多，很奇怪，不知道为什么。

黄：你把一切都说得这么逍遥，人生中就没有困顿吗？

包：大学的时候，我想从政，想要改变社会。我一个同学，他说老包，如果是革命年代，你就是真正的职业革命家。我说也许吧，我想上战场哈哈哈。我伯父也是高干，他说，你还是回去开个小店，像你爷爷一样。当时我百思不得其解，我一个大学生，叫我回去开小店？现在觉得他很有智慧。所以后来想学文学，我可以在那里表达。

黄：幸好你写小说，不然一定是个“破坏者”。

包：对。我是有家国情怀的人，很想为国家做一些事情。后来想一想，我方法有问题，为国家做事情有不同的渠道，所以从文了。回望这几年，从某种程度上讲，实现了我的一些文化梦想，无意识中，我成就了库村书院，库村书院也成就了我。

现在跟妈妈在一起就很开心，小雨也愿意在这里待很久，她每天都很充实。夜里睡觉，我在三楼，妈妈在二楼，听到我妈的呼声——以前很轻微，现在重起来了，就觉得很安心。以前在云南，在北京，都会牵挂，那时，我外公、外婆还在，妈妈和他们住在一起。

我在徐岙底后面一个山村也有房子，在外公、外婆边上。那时我在杭州，一家人聚少离多，如果我回来，大家就可以相聚在一起。可惜爸爸已经不在了，以前每年八月十五，我会发一条微信，后来生死这个事情也想通了，不发了。爸爸是2001年八月十五那天夜里去世的，阳历正好是10月1日。一个月前他就告诉我了，他说："我那天去世。"我说你怎么知道？他说你在学校嘛，那天不用请假，国家法定假日。他是校长，老是怕老师请假。我说你别乱讲。果然，那天他就去世了，他肯定有预感，当时有一点轻微生病，他没住过院的。

刚回来的时候，每年想到父亲就很伤心，后来慢慢就淡了。打通这个也很难，花了九年时间，整天生活在老家，肯定会面对嘛。现在好一些，可以创作了，以前不敢写的。生命中很多熟悉的词语、事件，都不敢面对，慢慢消磨，才可以从文学的角度去思考，否则写出来都是感情的产物，从创作角度讲，纯粹感情的产物是没用的。

4

黄：在这里，一天的日常是怎样的？

包：我们和妈妈住在村口的聚泰堂，早上在大自然里醒来，自然而然醒，那叫"自然醒"。不管几点，醒来就起床，这是我三十年的习惯。然后羊看一下，喂一下，庭院转一下。村子里很安静，也不大讲话，听一下水声。如果饿了就吃早餐，大部分都是我妈妈或者小雨烧的面条，不饿就不吃。然后就从聚泰堂来书院，考虑接下去要干的事情。看天气，没下雨，就把草割来，也不能多，最多挑个五十斤，羊的问题解决了。以前还养了三年的牛，就要人家来帮忙。

这些事情安排好，就看今天有没有预约，有就准备一下，没有就门关掉，去楼上看书写作。写作的时候最开心，有一种"忘我"的境地，有时候吃饭也忘记掉。直到中饭我妈电话打来，就走路回家吃饭，我妈妈也是乡村的美食家。

这样的生活很平静，有静，也有动，进退都可以，有时候无聊就去朋友那些项目上去走。但随着年龄的增长，好像在外面睡不着，每次在外地，都要当天打车回来，在杭州也打车回来。有次在杭州开会，开到夜里11点，我还打车回来，打到温州先下来喝杯咖啡，然后回到这里，花了两千元钱，小雨就笑我。不管多晚到这里，倒头就能睡着。第二天起来，又是精神很好的一天。

黄：喜欢一天里什么时辰？

包：早上起床以后那半小时太舒服了，安静。不是安静，是宁静。然后是夜里，10点多以后，村子里可以听到水的声音。听久了，气场都会发生变化。还有喝茶、写作，这些时间都是最好的。天气好时去割草、砍柴，在那个过程中，什么都忘了。

黄：天气呢？

包：都喜欢。比如冬天，很多人怕冷，我也是，没办法改变，我就打拳暖身体。最后就想到一首诗："日暮苍山远，天寒白屋贫。柴门闻犬吠，风雪夜归人。"在山上，在村子里，下雪时很幸福。但春天来了，我也接纳。季节是轮回的，是自然的，因为是自然的，所以你要找到它的优点。我当老师的时候，始终坚持一个原则，我会动员我的任课老师爱学生，同时动员所有学生在每个老师身上找一个优点，找不到你就不要当我的学生，你是来学习优点，不是来学缺点的。夫妻也一样，当然，知道缺点之后再找优点，就好办一点，你心里有准备。当时碰到她（小雨），我直接说："嫁给我可以吗？今天不要回答我，再见。"我就跑了。第二次碰到，我问她同不同意，她有心理准备了，但她说她还年轻。后来三年没见，三年后，我还是一句话，我说我谈恋爱谈不来的，就写了一首诗，"你不在山城，山城是空城"。泰顺县城在罗阳，我们把罗阳叫"山城"。有次她在乡下生病了，我把她送到医院，陪她动手术。后来很简单，就结婚了嘛，结婚以后，恋爱还可以继续谈。

黄：其实，你写什么小说，写得好不好……

包：已经不重要了。

黄：你的生命状态，就是你的作品，其他那些，只是这种生命状态自然而然的演绎而已。

包：书院办到现在，它的成功之处肯定是有的，这种状态就是成功。比如你今天来，你是我的老师，也是我的学生，更是我的朋友，这里没有校长，没有老师，也没有学生，大家彼此互为故乡，互为师生。

好像听起来都比较通透，但这些，都是用不通透的几十年换来的，如果没有在外面将近三十年的云游，我这里一个月都待不了。在外面也很苦的，在北京地下室也住过，那个时候很要强，也不跟人家讲。后来我外公去世，我也一个人在北京，没回来。去延庆跟领导打交道也很痛苦，我也忍住，最后还是忍不住了，哈哈哈。

黄：现在不要强了？

包：现在好一点，随着年龄增长，这些东西都消失了，我也变平和了，拳头打到空气里，一样的。

黄：这一天，我们坐在这个地方，在阴影里，光在外面流逝、变化。

包：现在色彩变了，到傍晚又不一样。我每天都在电影里生活，导演是天，摄影师是地。

黄：我能理解，对很多人，尤其是对体制内的人来说，你这里有点像桃花源。

包：中国山里的哈佛大学。"哈佛"的意思是：哈哈哈，下山有尊弥勒佛。

黄：这就是你永葆青春的秘诀吗？

包：对呀，学会开玩笑，学会幽默。我上课的时候，学生肚子都笑痛了，他说，老师，停一下，等我笑完再讲。我就停一下，也不笑的。还有几个跑到教室外面去，笑完再重新回来，舍不得跑掉。

5

黄：如果一定要用几个关键词总结泰顺，会是什么？

包：第一，故乡。第二，乡愁，里面也有忧愁。第三，未来。现在国家提出"未来乡村"，我也想做一点事情，让故乡能够有所改变。在我印象中，故乡都是很穷的，现在整个温州地区中，泰顺还是最落后的。共同致富的路到底在哪里？这条漫长的道路，需要我们一代又一代的人来改变它。

怎么改变？除了解决温饱，还有精神，它不是同时进步的，有时候还倒退。道德沦丧，信用消失，人越来越孤独…… 人类解决温饱以后，四面楚歌，没有幸福感，经常生病，吃的东西出问题。为什么出问题？生态出问题。为什么生态出问题？人心的生态出问题，文化的生态出问题，教育的生态出问题。我写了篇文章，《论中国教育梦想之九死一生》，蔡元培生日那天发出去的。它传递了正能量。

黄：你到底还是心怀天下呀，怎么不重出江湖？

包：我想过，但现在没决定，要慎重，一个是体能，一个是创作，肯定是在我写完《忽如远行客》之后再考虑。

黄：《忽如远行客》这么重要？

包：对，这是我生命中的一道坎，不管成功与否，没有成功和失败的标准，只要写完就好了。“青青陵上柏，磊磊涧中石。人生天地间，忽如远行客。”在库村九年，我也写了四句：“我本库村人，提剑至空城。朝起锄土豆，暮归洗心尘。”

黄：听你讲了一天笑话，忽然很悲怆。

包：像孙中山和黄兴那样的人，在国外付不起房租，正月初一那天还放鞭炮。这些人是职业革命家，我们是职业的生活家。我曾经讲过一句话，从理念上讲，杀猪也要讲情怀，讨饭也要浪漫。我是做好准备回来的，因为我坚信，如果降低物质标准，不会太难，有饭吃就好了，更何况我还有点能力。真心面对每一天，就会好一点。

● 牧羊、耕种、浪游，这都是包登峰向往并在践行的，但这一切背后，是一颗书生心。摄影/曹曈

* 私家推荐（包登峰）

① 聚泰堂—世英门楼—吴宅—三友洞

这是我在库村喜欢走的线路。聚泰堂是我们和妈妈一起住的地方。每天从这里出来，去世英门楼坐一下，那里有几株宋代的柏树，所谓“宋亡柏生”，是宋朝灭亡的时候栽下去，看看有没有灵感。然后去吴宅转一下，唐元和六年（811），先祖包全迁居此地，八十五年后，吴畦也归隐于此。从此，包姓和吴姓两大家族在此繁衍生息，开启了耕读文化先河。这些文化的影子，代代相传，一直影响到我。村子东边不远，两溪交汇处，有“三友洞”，我也常去。

② 库岭—漈头岭—峰门岭—莒江岭

库村周边，我最喜欢去这几条岭，就是几条古道。岭过去就是江和湖，江上有廊桥。

除了库村，我最爱去的是徐岙底、筱村公社、白鹤山庄、山垟坪茶场、山里人家、泗溪廊桥茶馆、氡泉、宝林寺等。还有乌岩岭，是原始森林。在外面云游几十年，那些青春时期驻留的地方，我也想去，但有点累了，过段时间再说。

一门手艺

泰顺是非物质文化遗产大县，从国家级到县级，每项“非遗”背后，都对应着一门手艺的传承和一位手艺人的坚守。其中有一个家庭，靠着三代人的努力，传承着数项非遗，并将整个泰顺的非遗项目“打捞”出来且保护下来，这是一个真正的手艺人之家、非遗之家。

去之前只听人介绍说，季天渊做木偶及木偶演出，现在只在特殊场景下的特殊时间演出。这话意思有点像，她和她的木偶留在了过去的时代。

她家在泰顺县城所在的罗阳镇，之前发来的导航定位是一家电动车商店。到了，先把车停在旁边空地上。她从后面拍我肩膀，回头，粉色打底毛衣，灰色运动裤，拖鞋，就像在家里一样随意自在。还没来得及说“季老师好”，她让我们先把车开出来停别处，“那是别人家门口，一会儿老人出来不好走动”。我们一阵羞愧，同时被她的声音吸引。她今年虚岁六十，但那音色、语调，脆生生的，像春天刚冒出枝头的新芽。

从电动车商店旁的一道侧门进入，上二楼，是一栋L形的小楼，共六层，与别人家的L形楼房合围成一个天井。早上9点，太阳刚打进天井里，二楼的L形阳台上摆满了长势极好的兰花，五六十盆，那是她妈妈，马上八十岁的张月圆女士养护的。

阳台一侧通向厨房，一侧是办公室。办公室里，她儿子正对着电脑处理泰顺廊桥的图纸。除此之外，屋子里所有墙壁都立着橱柜，橱柜里摆满了泰顺的木拱廊桥模型、民族娃娃、不同角色的提线木偶和满满当当的儿童玩具。左侧还有间稍小点的里屋，从门口瞥进去，是更多的提线木偶……她不是只做木偶吗？

出于无知、好奇，落座前，请她选一个木偶角色先给我们科普下。彼时，木偶是死的，它和我们是陌生的。她随手取下一个，然后，木偶身上的几十根线在她手里像变魔术一样，以千变万化的姿态动了起来。她做得如此轻快，我完全没看清怎么回事，只知道一瞬间，她和木偶合二为一，同时拥有了生命。刚刚好，晨光落进天井，越过兰花，顺着门框，照到屋子里来。一刹那，一切都有了光。而她，好像变了一个人。

坐下聊天，一边喝本地的绿茶、红茶，吃本地的麦芽糖、干荔枝，各种点心。那场景，像逢年过节，去亲近的长辈家串门。她对往事轻描淡写，但，只要讲到木偶，就会经常把自己讲笑，笑的时候，脸上会泛起有些不好意思的红晕。我常常恍惚，对面好像坐着一位少女，在木偶的回忆里，她重返十六七岁时。

原来，她做提线木偶的设计、制作——从木偶头的雕刻到木偶的服装，也做木偶戏的演出，但更多的，是做剧团的舞美设计，以及各种出口玩具的设计。而她的父亲、母亲、儿子，整整一家人，全是手艺人，一个彻底的非遗之家：她和父亲季桂芳是国家级非遗传承人，妈妈是省级非遗传承人，儿子、弟媳是市级非遗传承人。并且，一家人涉猎“车木玩具制作”“泰顺提线木偶戏”和“木偶头雕刻”三项非遗项目。而弟弟季海波是温州博物馆副馆长，整个泰顺的非遗项目，全在他的奔波之下才得以申请和保护下来……

其间，妈妈在楼道外走动——从外面回来，进厨房做饭，给兰花浇水，我们只从余光里感受到她的身影，最初是红色，后来是藏青色，她换衣服了。临近中午，进来问我们午饭的安排。一抬头，哎，一个七十九岁的老人，太美了！她高、挺，一头细密的小卷发，一条藏青色丝巾，脸上全是容光，而神情从容。我一夸她“好美”，她立即哈哈大笑起来：“一个老太婆，哪里美！”声音像她那头卷发一样，明亮、美而无邪。

中午，季天渊带我们穿过小巷去吃当地小吃。吃完饭，在隔壁水果店买根甘蔗，店主人细致切成小段给她，她拉我们一起，在明亮的午后边啃甘蔗边走路回家。餐厅、水果店，路上很多人，她都认识，这是她上小学时就开始走的一段路。

论地理空间，她的核心生活版图不过这方圆几千米，甚至更小，从自家小楼的一楼到六楼。这个空间很小，但是很深，像大海最深处。世人都在遥远之地寻找桃花源，季天渊相反，只要回到那栋小楼，回到手上的木偶头，桃花源就环绕四周了。看上去，她的桃花源清冷、孤独。不是的，在她手上，每个角色，每块木头，都有生命，因为角色之多，甚至有些吵吵嚷嚷。那是一个热闹、欢腾的桃花源，由她创造，任她独享。

● 季天渊家中，她做的各种木偶。她凡事都喜欢亲自动手，不仅做木偶头，还做木偶身上的服饰。背后的橱窗里，是她早年和父亲一起做的出口玩具。摄影/曹曈

手上桃源

季天渊　口述

1. 我爷爷是制作银首饰的，爸爸从小耳濡目染，手一直很巧。他小时候就很喜欢木偶戏，小学时参与过业余木偶的演出，还动手雕刻提线木偶。1957年，浙江省木偶剧团来泰顺演出，要招几个学员，那年爸爸十五岁，他知道后，从三魁镇营岗店走路到县城，整整走了一天，顺利考上了省木偶剧团。

他在剧团专门从事木偶的造型设计和雕刻制作，后来创作了《三打白骨精》《水漫金山》《春到草原》《火焰山》《追鱼》等剧目的木偶，其间还到浙江工艺美术研究所学习黄杨木雕。十九岁那年，上海美术电影制片厂正在拍《大闹天宫》，他又跑去学习木偶卡通造型。1963年，木偶剧团撤销，爸爸随剧团下放到宁波木偶剧团。

我1964年出生在营岗店，一岁多，妈妈带我去宁波爸爸那里。那时我刚学说话、走路，大家都很喜欢我，整天跟我玩。从那时起，木偶团的道具就是我的玩伴，我想睡觉了，大家就把我放在《白蛇传》里那艘船上，把船当摇篮，木偶的桌椅就是我的桌椅……现在想，多神奇呀，我怎么就生长在这种家庭里，童年时给我一个这样的环境？

后来体制改革，宁波剧团解散，一部分人分流去文化馆、越剧团，我妈在泰顺没工作，我爸就想回来。

三魁镇有个农机厂，农具和家具一块儿做，家具上需要画画、上漆，这些和木偶制作是相通的，我爸就去了农机厂。有时他也承包一些建筑物的活儿，比如公家房子的地板、门窗，需要上漆或者画画。这算私活儿，就把妈妈和舅舅教起来，以他们的名义接。我虽然小，也会帮着刷地板。那时挣钱不容易，工钱少，但就这样慢慢做起来了。

1972年，爸爸被县里的领导（张怀俊，我叫张伯伯）叫过去，说想在泰顺搞一个玩具工艺厂，做出口。在泰顺，那时出口的产品很少很少。领导问我爸会什么。我爸说，只会雕木偶头，但这个不适合大量生产，但有一种可能，就是把木偶的模型做起来后，再做面具，比如京剧脸谱的面具。就这样做了一批，一拿到上海口岸就很受欢迎。

但是，一箱东西运到上海后只剩半箱。过去全是机耕路，又是山路，非常颠簸，得另寻出路。泰顺有雨伞厂，张伯伯跟我爸说："桂芳啊，你在伞柄上画一点东西试试看。"我爸在伞柄上画上眼睛、嘴巴、胡子，一个老寿星就出来了，同时，一个工艺品也出来了。我爸一发不可收，又创作了各种民族娃娃、《西游记》里的人物、《红楼梦》里的十二金钗等。后来拿着《西游记》人物等样品去参加"全国工艺美术展览"，因为我们以人物造型为主，突破了国外木玩具以动物为主的传统，得到一致好评。就这样，在大家的推动下，泰顺县工艺美术厂成立了。

工艺美术厂招收了一批学员，都是泰顺比较好的人家，父母亲都在县机关工作，招进来做职工，就不用去农村插队。这批学员出来后都做了厂长，因此带动了整个泰顺的玩具制造行业。

爸爸从木偶头雕刻中获得灵感，创办了车木玩具厂。过去，车木玩具是用辘轳旋床，脚踏绳子引动工件旋转。从木偶制作脱胎而来的车木玩具，车出的坯子多是柱体、球体或半球体，爸爸再在上面展开艺术想象力，把木偶、车木、彩绘和装饰相结合，又在头像比例的基础上加以夸张和变形……日积月累，他的木偶头造型从传统的十五种增加到一百八十多种，脸部的活动技巧从几种增加到十五种。20世纪80年代，作家林斤澜来泰顺采风，与爸爸结下深厚友谊，为爸爸写了散文《山市一家》《山花烂漫》。

2. 十六岁时，我进入泰顺县木偶剧团。因为家庭影响，我从小喜欢唱，喜欢演。还在木偶剧团时，剧团的舞美都是爸爸做，我也跟着做，跟着排练。剧本戏里，我们都有角色，比如《白蛇传》里，我演许仙，是小生，《辕门斩子》里，我演穆桂英的公公杨延昭，是老生。

唱戏时，我们虽然在后台操作，但也要跟随唱腔，和木偶一起走路、跑步、呼吸，你和它的生命合为一体。演戏，就是把你的气息传递给它，让它表演出来。

那也是泰顺木偶戏最辉煌的几年，那时没有动画片，电视普及度也不高，一出木偶戏可以在一个点连演好几天，我们每次从泰顺出发，然后去云和县、龙泉县、文成县……每个乡镇都去演，每场的票都卖爆了，我们在里面卖票，看不见外面买票的人，只看见层层叠叠的手伸进来，有时直接把钱扔到地上。

木偶戏的魅力在于，一角多能。一个真人很难同时满足的十八般武艺，一个木偶却能实现，神话戏、武打戏、文戏、审案戏，样样都能。那时剧团还有很多特技，飞刀、喷火、斩头、剖腹、变脸等，台上的人表演得投入，台下的人看得更投入。

木偶有布袋木偶、提线木偶、仗头木偶、铁线木偶等，我们主要是提线木偶。通常，一个提线木偶有六至四十条提线，动作越复杂，提线越多，操纵难度也越大。在舞台上操作一个木偶，需要对几十条线烂熟于心，就像熟悉自己的身体一样。

那时很喜欢唱戏，每天早上都去溪边吊嗓子，虽然没有老师科学性的指导，但我很认真，还在手上挂砖头（代替木偶），能挂多少时间是多少时间，每天都希望比昨天挂得久一点。

● 木偶到了季天渊手上，就活了，季天渊自己也从此时此刻切换到了另一个时空里。摄影/曹曈

但我不能挂太久，因为爸爸在家里做玩具，我每天晚上回家都要帮他干活儿。那时，浙江文成、平阳、苍南，福建福鼎、寿宁地区的木偶剧团，都会来找我爸订制木偶头，一订就是几十个。那时没机器，全部用手工，爸爸打坯，我和妈妈打砂纸。每个木偶的脑壳都要全部挖空，那都是海波的事。家里的地面是泥土的，就在地上挖一个木偶头这么大的坑，周末和寒暑假，海波就在地上一个个挖木偶头。

木偶团没辉煌几年，很快就不景气了，剧团没有资金就排不出好戏。到后来，我们去乡下演出，没有剧本，没有唱腔，现编现唱。我觉得没意思，就调到玩具厂去了。

1987年，二十三岁时，我创办了“泰顺县工艺玩具研究所”。我设计的玩具，除生产外，也会参加工艺美术的展览。这几十年，我设计了很多作品，有段时间，拿出去评奖都是拿金奖、金奖、金奖，大家叫我“金奖专业户”，还是很有成就感的。

但时代一直在改变，后来很多人都出去办厂，我也出去学了一段时间的毛绒玩具设计。产品设计出来后，拿到广州交易会去，压价压得太厉害。做毛绒玩具，我要去福州进材料，做好后，还要把产品运出去销售。后来想想，还是和我妈两人做儿童玩具和民族娃娃，正好有个叫叶康松的人和我下订单。叶康松原本是温州永嘉人，后来成立了中国批准的第一家在美国注册的私营企业“康龙公司”，专门把温州的小商品卖到美国去。每次出去，算一下，一个集装箱还差多少空间，就让我做多少玩具填充进去。在他那里做了几年后，现在这栋房子就盖起来了。有一次，因为其他工厂的产品在口岸上发霉，被查出来，那笔生意就亏了，他也就不做了。后来改做进口，从美国进货来中国卖，主要是西洋参，我们的订单也就跟着受了影响。

泰顺的玩具，一直做出口，出口是下了订单我们再做，比较有把握一点；如果是内销，要自己去销售，还会有一大批货积压在那里。所以不做出口后，我也就没做了。

木偶头的雕刻是一直在做的。一个木偶头，要经过打粗坯、修细坯、磨光、打底、刷底色、上彩、开相等流程，往往需要十五天甚至更长时间。如果是一个木偶人，还有手脚雕刻、上彩、身体结构制作、服装制作、线牌头制作及装线等环节。虽然很辛苦，但我很喜欢，做的时候，每一步，每一道工序，都想把它做得更完美，等到完成时，就会有一种成就感。化了妆，会觉得它很漂亮；再穿上衣服，穿上线，它就有了生命。操作起来，它就会表演；表演时，我和它会融为一体。

3.

2001年，我调到温州市越剧团做舞台美术。但现在，温州下面一些县城的京剧团、越剧团、木偶剧团，大多都没有了。搞文艺就是这样，也许现在时兴起来，但十年、二十年后就没了。要不是把非遗这块儿挖掘出来，可能很多人都不做这个了。

现在我会接一些木偶戏，把县里这些老艺人集合起来。每个人手上有什么东西，我编一出戏，再找音乐、服装、道具等。我也在想，再过一两代，木偶戏会不会消失。现在，人们一听木偶戏，孩子们来玩一下没关系，叫他去学，家长不愿意送。在他们的印象里，木偶戏就是在乡下演出，不再时兴了。但像意大利的木偶角色“匹诺曹”，这个故事已经流传了一百多年，创作这个角色的作者，他的故乡也以匹诺曹的形象来做旅游

● 从最初的一块木头，打磨到最终的一个角色，中间需要注入的，不只是时间、工序、技艺，也是季天渊一段段心无旁骛的时光。这时光里，有她整个身心的投入，也有延续父母亲爱和手艺的愿力。摄影/曹曈

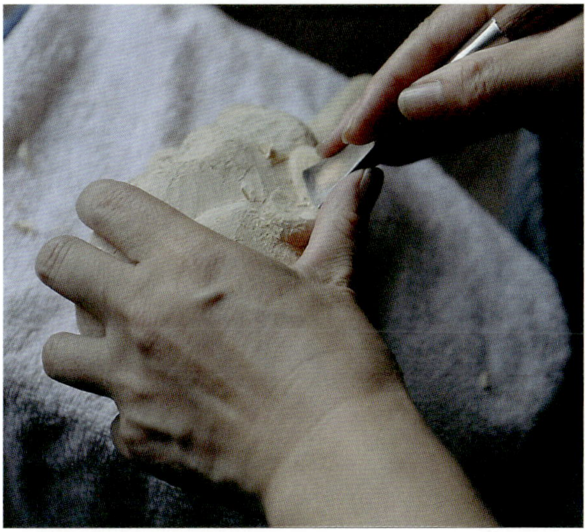

推广，小镇上有很多木偶点、木偶玩具店，经久不衰。如果我们愿意大胆创新，其实也会有出路的，比如让木偶戏和动画片相结合，是不是也会有意思？

木偶戏外，最主要还是做模型和木偶。模型包括各种模型，比如最近在做泰顺廊桥的模型。爸爸从2001年开始，按比例仿制薛宅桥、北涧桥、仙居桥等廊桥模型，后来被哈佛大学收藏。我之前没做过，弟弟说："姐姐，你可不可以做古建筑模型？""可以试试。"一做就做起来了。之前做过一些民俗模型，温州大学有个"温州大学民俗博物馆"，我做了温州民俗活动"拦街福"的场景。开始也没做过，先用纸盒糊起来，在上面画上结构，窗户、柱子等，再让木工老师用木料做，上完颜色后再点缀一些植物，也很漂亮。

手艺人转变比较快，需要什么做什么，别人找你做，不能说这个我没做过，就推辞不做，只是改变一下形式、材料，只要有足够的耐心，什么都可以做。并不是做模型就永远做模型，只要愿意去尝试。我连木偶的衣服都自己做，只要拿得起的东西，都自己做。

现在的人，动手能力都不强，打一个蝴蝶结都不会，鞋带永远系不好。我去很多地方教小朋友，他们和家长的动手能力都很弱。家长会觉得，除了读书，别的都不用干。但我们那个年代，我妈是这样教的，自己多干一点，以后不用求人。爸妈什么都让我干，甚至挑粪种菜都是我做，我那么大姑娘，个子高，也苗条，挑着粪桶去泰顺一中旁的菜场浇粪，操场上的孩子们在上面笑我："啊，挑粪桶！"

城市里，什么都是买，掉了一个扣子也不会钉。因为父母亲的教育，我从小动手能力就很强，他们也放开让我做，经常送我出去学习，喜欢跳

● 季天渊家的地下一层是木工间。这几年开始，她也尝试做廊桥模型。摄影/曹曈

舞，那就去学呗。跳舞要白衬衫和配套的裤子，别人都是借，我妈不让我借，她自己买布料回来给我做。家里三个孩子，也不富裕，但什么都自己用心弄。

如果没人来打扰，就在这里，我也会过得很好。这里几层楼，楼上雕刻，楼下是工厂间，什么都能在家里完成，不用出去上班，在路上浪费时间。如果想做个记录，就打开手机，拍好发抖音或者视频号。连我妈都会用这些，有什么不能学的。但是我一发就忘记了，过几天去看，就有几十万、几百万的点击率。做这些，只是个人娱乐，不想在上面做买卖，被别人赶着做，就会很吃力。现在人工费太高，就自己做一点，把儿子带出来。儿子之前在泰顺非遗中心上班，接触到很多非遗传承人，很多人看他也喜欢做，就说，不如回去和你妈一起干，专心做手艺。非遗馆事情多，时间就被分散了。回到家里，一边带宝宝，一边专心做手艺，安安静静地做，慢慢地做，做好了，就会非常有幸福感、成就感。

4.

爸爸一直注重木偶资料的整理。他个人收集了明清至民国时期的一百二十多个木偶头，后来整理成了《泰顺木偶》一书，还手绘编辑了《民间人物脸谱造型》《明清时期的泰顺木偶造型艺术》《木偶头脸谱》等资料。

家里有一个柜子专门放我和爸爸收藏的木偶头。柜子里，有我叔叔季桂月做的木偶头。我有一年去德国，路过木偶博物馆，看到海报上有两个木偶：一个花旦，一个小生。这不是我叔雕的吗？想进去看看，结果里面正在装修，要过几年才对外开放。有我爸爸的老师，泰顺木偶戏演得最好的黄泰生老师的木偶头，其中一个是王乞佬，木偶的祖师爷。有泰顺的民间艺人林直周老师的两个木偶头。有我爸自己做的，像小花脸、老太太、比较滑稽的彩旦、大花脸、红孩儿、小生、武老生、地狱里的妖魔鬼怪、陈十四娘娘和站在她两边的黄、杨二将，还有他仿明代木偶制作的“五显灵官”。

我也喜欢收藏这些。农村里的戏班会把木偶头拿过来请我化妆，我就说：“用我的木偶头和你的换可以吗？”这样，我这里就会有不同年代的作品，时间合适时可以展示出来，呈现泰顺木偶的发展历史。我也想编一本书，讲木偶制作的过程，还在酝酿中。

爸爸是我的偶像，也是我的“百度”，我有什么不懂的都问他，他总能及时告诉我这个该怎么做。2015年，爸爸突然走了。我忽然对名啊、利啊都不看重了，什么都无所谓了。别人都说我们家很完美，一家都是手艺人，爸爸是国家级非遗传承人，妈妈是省级非遗传承人，儿子和弟媳是市级非遗传承人……不完美的是，爸爸这么早就走了，才七十五岁，最起码要八十五岁。

爸爸走的时候，妈妈精神崩溃了。从那天开始，我就寸步不离她，我去北京、上海讲课，做展览，哪怕只是去一天温州，都带着她，她在家里看到我爸那些东西就不行。现在我妈看电视的房间也是我爸以前看电视的房间，她每天早上给他泡一杯茶，点一炷香，三百六十五天，天天这样，她不在的时候，叫我小弟沧海下来给爸爸泡茶。

爸爸走了，我还得把手艺传承下去。两个弟弟虽然学美术，但他们还有工作，海波做非遗保护，也算是外援。现在最主要的，是把自己的活儿做好，多留些东西下来，等我走的那天，把这些都捐掉。不想在外面东跑西跑，人家免费给你一个地方，但我要来干吗？家里就很方便。

这一屋子的木偶，每做一个新的放进去，我就会设想，之前所有的木偶都会对它说：“嗯？你是谁？欢迎你走进我们这个大家庭！”如果我做了个包公放进去，大家就会说：“哇！你怎么这么黑呀……”经常这样想象，编一些故事出来。我就是这几百个木偶头的家长，木偶园的园长，像个小朋友一样，也不害羞，也不害臊，自己就天方夜谭地想这些事情。

从爸爸到我，我们先后做过婴儿玩具、幼教文具、美术玩具……我会经常拿出来玩。比如某个玩具的头动不了的时候，就会说：“你为什么头都不动啊？”我会和它们对话，还会让不同角色对话。这样，可以释放自己的情绪，就会一直很开心。做一件事，不开心的话，就没意义了。伤心的事肯定有，但不去想它。像我小孙子，送他去幼儿园，到了学校门口，老师手伸过来接走时，他会哭，但一转身就忘了。

现在我是年龄一天天大起来，心态一天天小起来。我妈也是，一说要出去玩，身体都好了。以前守着我爸，穿衣服也不讲究，现在早上出去一套，晚上出去一套，中午太热了，“我要换一件！”。我在家里穿得比较随意，她不一样，在哪里都很正式。她现在戴发套，发套也需要打理，非要去温州打理，说那里吹头吹得好。她还经常提醒我：“头发白出来了，快染一下！”我们两个都算老人了，但是都越来越像小孩儿，人生多么美好！

● 这栋小楼，就是季天渊的整个桃源、天堂，她可以足不出户而创造出一个独属于她自己的世界来。摄影/曹曈

* 私家推荐

（季天渊）

① **仙居村、仙居桥**

古村、古桥、古道，我经常去这一带走动。

② **司前畲族镇的园州古村落、里光村**

那里山峰林立，且有畲族风味，我妈妈做了很多和畲族历史文化相关的车木玩具。

③ **岭北乡**

环境好，山多。

附录：泰顺国家级及省级非遗项目

泰顺目前拥有一项世遗、六项国遗、十五项省遗（含国遗）、一百零六项市遗、一百八十六项县遗项目，国家级传承人六人、省级传承人二十八人、市级传承人九十二人、县级传承人四百四十三人。

资料来源：

中国非物质文化遗产网·中国非物质文化遗产数字博物馆

联合国教科文组织“急需保护的非物质文化遗产”

木拱桥传统营造技艺

● 中国编梁木拱桥营造技艺是采用原木材料，使用传统木建筑工具及手工技法，运用“编梁”等核心技术，以榫卯连接并构筑成极其稳固的拱架桥梁技艺体系。木拱桥的建造工作由一名木匠师傅指挥，其他木匠操作来完成。木匠的建造工艺按照严格的程序，通过师傅对学徒的口传心授或是作为家族手艺而代代相传。这些家族在木拱桥的修造、维护和保护方面发挥着不可替代的作用。作为传统工艺的载体，木拱桥既是传播工具，也是传播场所。它们是当地居民重要的聚集场所，人们在木拱桥上交流信息，开展娱乐活动，举行祭拜仪式，从而加深感情，凸显文化特征。

传统音乐·畲族民歌

● 明万历三年（1575），畲族迁入泰顺后，畲族民歌从此在山城落地扎根。泰顺畲族民歌以轻声细语为特色，形成别具特色的“泰顺调”。和其他地区畲族民歌一样，泰顺畲族民歌以“对歌”（或称“盘歌”）为主要形式，每逢婚嫁喜庆，或是有客自远方来，畲民们就要聚拢在灶房或厅堂对歌。对歌不论男女老少，人人都以唱赢对方为豪，以歌对话，以歌会友，以歌传情。“对歌”的另一个特点是即兴编唱，见物唱物，见人唱人，无所不唱，歌曲题材多式多样。歌词古朴自然，清新活泼，充满山林气息。

传统舞蹈·舞龙（碇步龙）

● 碇步龙是流传于泰顺仕阳镇的一种风格独具的“龙舞”。仕阳镇拥有国家级文物保护单位“仕水碇步”，该碇步修建于清乾隆五十九年（1794），长一百四十四米，共二百三十三齿，连接溪东与朝阳二村。以碇步为平台表演龙舞，始创于清嘉庆三年（1798）。据朝阳村林氏族谱记载：林氏裔孙为庆祝朝阳林氏宗祠落成，突发奇想，首创在碇步上舞龙灯，用以庆典。碇步龙的道具用竹篾编成圆形笼子，笼外蒙布并绘上龙鳞片的图案，节节连在一起，每一节都装有用来把持的木手柄。舞龙从“开龙门”到“关龙门”共有六十多个套路，全部动作均在溪水中的石碇步上表演。

◆ 代表性传承人：林实乐

传统戏剧·泰顺药发木偶戏

● 泰顺被誉为“木偶之乡”，其中的“药发木偶”在当地被称为“琼花木偶”。中国木偶戏主要有悬丝木偶、仗头木偶、水木偶、药发木偶、肉木偶五大类，其中水木偶和药发木偶一度被认为在国内早已失传，后人经考证后，认为长期存在于泰顺民间的琼花木偶就是药发木偶。其原理是以火花冲力催动木偶。制作者将硝石盘成一盘，俗称“树花”，每根竹竿上有树花数盘，俗称“一树”。树花中安置两至三担木偶，每担两个偶人，偶人造型大多是陈十四、孙悟空、哪吒等戏剧人物。点燃树花引信之后，焰火节节放高，担内偶人便自动跳出，悬挂空中。通过偶人各个关节的火药设置，木偶借助火花冲力在空中上下翻飞、左右腾跃。历史学者祁刚说，泰顺山多，山林是一套完整的资源体系，有竹木，有矿藏，作为山林资源的集中体现，就是药发木偶——树需要老的木头作为枝干，而“花”，就是火药，全从矿藏中产生。这是宋代留下来的工艺，全国只有泰顺才有，独此一份。

◆ 传承人：周尔禄

传统戏剧·泰顺提线木偶戏

● 泰顺木偶戏始于南宋，其中的提线木偶在长期的发展过程中，不断吸收浙北及福建泉州两大木偶派系的艺术元素，在头像雕刻、人物造型、服饰装扮方面均独具一格。

◆ 传承人：张良华、季桂芳

传统美术·泰顺木偶头雕刻

● 木偶头雕刻自宋代传入泰顺，明清时期达到很高水平。木偶头雕刻是雕刻手法和彩绘技艺的完美结合，木偶头先用樟木或其他纹质较细腻的杂木雕刻成型，后施以粉彩工艺。其形象在头像比例的基础上加以夸张和变形，生、旦、净、末、丑，忠、奸、贤、愚，各具特性。

◆ 传承人：季天渊

传统技艺·木拱桥传统营造技艺

● 中国桥梁营造技艺已有数千年历史，编梁木拱廊桥营造技艺是其中一种，现主要流传在浙江、福建等地。浙闽编梁木拱廊桥历史悠久，造型丰富，数量众多，在国内同类廊桥建筑中独领风骚。编梁木拱廊桥源于唐代的木拱桥，这一桥型类型特殊，在中国造桥史上占有重要地位。泰顺目前保存着大量的编梁木拱廊桥，其中十五座被列为国家级文物保护单位，以明代隆庆年间的溪东桥历史最为悠久。

◆ 传承人：董直机

浙江省非物质文化遗产代表性项目名录

（部分，不含国家级）

传统技艺·泰顺三杯香制作技艺

● 三杯香是浙江特产茶，以“香高味醇，经久耐泡”著称。主要制作工序有：杀青，高温杀青，先高后低，嫩叶老杀，老叶嫩杀；揉捻，轻、重、轻交替进行；炒三青；毛茶整理。

传统技艺·红粬传统制作技艺（乌衣红粬）

● 乌衣红粬是境内酿造红酒的一种粬种，以大米为原料，经接种粬母培养多次发酵而成，外观呈乌黑色，主要含有红粬霉、黑粬霉和酵母等微生物。泰顺乌衣红粬制作技艺自宋末传入，距今近八九百年历史。产地分布在三魁镇、泗溪镇、新浦乡、筱村镇、司前镇等地，筱村镇徐岙底村出产的乌衣红粬最具代表性。

◆ 传承人：吴行稔

传统技艺·车木玩具制作技艺

● 车木指将原木用车木、车床制成不同形状的圆形、圆柱形工件的一种工艺，利用这种工艺制作的木玩具，通称为车木玩具。泰顺车木玩具从木偶造型脱胎而来，它将木偶、车木、彩绘和装饰技法等结合在一起，形成一种具有地域特色的车木玩具，成为境内传统工艺的典型代表。该技艺主要流传于罗阳、百丈、司前、三魁等地，其中，在国内享有较高声誉的是以工艺美术大师季桂芳为代表的季氏家族。

◆ 传承人：张月员（季桂芳妻子）

民俗·畲族三月三

● 畲族三月三又称“乌饭节”或“对歌节”，以畲族人民纪念祖先为主题，活动形式主要是吃乌饭、唱山歌、对山歌。最初在祠堂、宫庙、山林、岗头、老屋、谷场演唱，邻村畲民集聚和唱，热闹非凡。

◆ 传承人：蓝剑光

民俗·陈十四信俗

● 陈十四娘娘（陈靖姑）是浙南闽北民众千百年来共同信仰的神祇，被誉为“陆上女神”。此风源于唐代，明清时进入兴盛期，明代开始在泰顺民间形成，至今已有五百多年历史。每年正月十四（娘娘诞辰日），民众举行为期七天的盛大祭祀活动，整个过程由声势浩大的抬神像巡游、七天七夜的木偶戏（唱《娘娘传》）和规模宏大的集体聚餐（百家宴）等内容组成。

民俗·百家宴

● 源于祭春福，是当地族人“聚宗亲，商族事，祈上苍，保平安”的祭祀求福活动，几乎家家户户都参与。泰顺百家宴源于三魁镇张宅村，有八百多年历史。百家宴最根本也最重要的内容，是祭拜地方神祇王乞佬、陈十四娘娘和祖先。百家宴举办当天，村民组织好几千人的队伍，抬着陈十四娘娘上街游行、踩街，并一路表演舞龙、舞狮，演奏民乐，夜里又放烟花、表演药发木偶戏等。

◆ 传承人：张庆桁、张积昨

民俗·畲族婚俗

● 泰顺传统畲族婚俗实行一夫一妻制，男十五而娶，女十四而嫁，同姓不婚。畲民婚姻或以歌为媒，对歌择偶，或由“父母之命，媒妁之言”。传统畲族婚俗除“嫁女”外，还有“男嫁女方”的婚俗，入赘到未婚女子家的叫“做女婿”，入赘给寡妇的叫“上门”。 由于母系社会的遗传，当地妇女在家庭中的地位较高。

◆ 传承人：雷圣利

一次破案

一个半辈子从事刑事侦查工作的警察，十年前忽然开始了历史考证。侦查是为了破案，考证也是。不同的是，破案是为了查明案件事实，考证是为了回到故乡。

刑侦破案与乡土历史考证

赖立位　口述

泰顺的文脉，泰顺人拾起

我是一名警察，主要从事刑事侦查工作。从浙江政法专科学校毕业后，我先在泰顺司法局做普法教育，后来调到温州龙湾区公安局，待了二十来年，2016年到温州市公安局刑侦支队，一直到现在。在龙湾区的时候，我曾从事侦查工作；到市公安局后，任刑侦支队副支队长。

十余年来，工作之余，我对乡土历史很感兴趣，尤其是泰顺历史上出现过的人物。从十年前开始，我花了点时间做了一些考证，说好听点是研究，但实际上谈不上，就是翻翻资料，查查一些人的情况。有时我会根据某个材料进行挖掘，就会看到很多和泰顺有关的线索。

比如文成县有个刘基庙，刘基就是刘伯温，很有名，这个刘基庙的名气也大，庙里的题联都出自名人之手，比如蔡元培。我第一次去时，看到居然有个泰顺人题了一副联。这人叫周禧，我之前不知道他，就去考证：他是谁？为什么会到这里来题联？

又有一次，在一本书里看到一个人叫沈应奎，跟泰顺有关，就进一步挖掘、考证，发现这个人原来在泰顺任职，相当于泰顺的教育局局长，最后做到台湾巡抚。某次到泰顺公安局办事，看到楼下墙边有块清代留下的石碑，“重建泰顺武庙记”，碑文就是沈应奎撰写。

为什么关注点都在泰顺呢？因为我是泰顺人。泰顺在温州来讲，算是比较落后的，一是建县时间迟，一是人口总数少。清代的温州府，下辖永嘉、瑞安、乐清、平阳、泰顺五个县和玉环厅，中华人民共和国成立后玉环划给了台州，剩余五个县里，其他四个县在历史上都出过很多人物，而泰顺出来的人，不管是级别还是总数，都落后一些。

我有时候会想这块土地上到底有些什么样的人，什么样的事，所以经常会去温州市图书馆古籍部看看，那里收藏了很多民国以前的著作。有一次，无意间看到一本目录，里面有很多泰顺人留下的著作。后来我把那些文集、诗集都翻了一下，感觉泰顺也还是有些人物的，就做了些摘抄，写了几篇文章。

我第一次写乡土的文章，是关于我老家的一块桥碑，即下察溪桥碑。泰顺乡间很多地方有桥碑、路碑、亭碑。这些碑文，字很漂亮，里面都会记载当年修建这些建筑物的故事。下察溪桥原来是一座木拱廊桥，最后一次木拱廊桥维修，时间是辛丑年，即1901年，我写文章是2012年，一百一十年以后，现原碑还在。木头久了会腐烂，20世纪60年代，村里人怕不安全就拆了，建成今天看到的石拱桥。像这样的事，别人是不太会关注的。

温州曾出过一套文献丛书。当年有位市长叫钱兴中，对文化很重视，专门拨出一笔经费出了一套《温州文献丛书》，四十部四十八册，泰顺人的作品没有一部。可以说，泰顺在温州的文化地位不高。泰顺的文脉，只有我们本土人自己来做。

地名里的证据信息

刑侦和考证，逻辑上有点像。

破案就要讲证据，这个事情就算我知道是谁干的，如果没有证据，也不能刑拘、逮捕，更不能移送起诉，最后送上法庭。同样地，考证历史人物，如果没有足够的证据，就不能下结论。即使已经有一个结论，考证之后发现不是这样，也要把它否定掉。

比如泰顺状元，现在通行的说法是，温州历史上第一个文状元叫徐奭，是泰顺人。如果你去仙居，村里有座徐家祠堂，里面介绍了徐奭状元，司前镇也建有“状元纪念馆”。之前我没研究这个人物，最近查阅了一些资料，发现“徐奭状元是泰顺人”这个论断可能经不起推敲。

又比如说，泰顺泗溪林家在宋代出了四十多位进士，其中一位叫林季仲，是南宋很有名的一位大臣。我考证之后觉得不是，泗溪林家是有人叫林季仲，但不是同一人。

像这样的考证，可能会让一些人不高兴。当然也有一些原来没发现，我把它重新发掘出来的，会让人高兴，比如刘基庙里题联的周禧。

泰顺这块土地，千百年来有很多家族在这里生活过，后来又外迁走了。在历史的长河中，这里不知道曾经有过怎样沧海桑田的变化，我们只能根据留下的蛛丝马迹去寻找，有时候会发现什么，有时候什么都不能发现。

这些蛛丝马迹，也包括留下的古地名。比如司前，传说徐奭状元就出生在这个地方。明代这里设有巡检司，用今天的话讲，相当于边防派出所。后来巡检司撤了，在它前面形成的村落，就叫“司前”。

从文献看，这里最早的居民姓池。一直到清代，这里都叫“池村”。但现在已经没有姓池的居民，池家迁走了。泰顺这点也蛮有特色的，这个地方曾经是哪个家族居住，后来其他家族迁入，但不改之前的地名。三魁镇有个彭家堡，最早是彭姓人家的居住地，后来彭家迁走，别的姓氏迁进来，现在已经没有姓彭的，但还叫“彭家堡”。

司前有一个“国立英士大学纪念馆”。民国时期，国立大学有三十六所。因为抗战，很多大学西迁，像浙大迁到贵州湄潭，北大、清华、南开

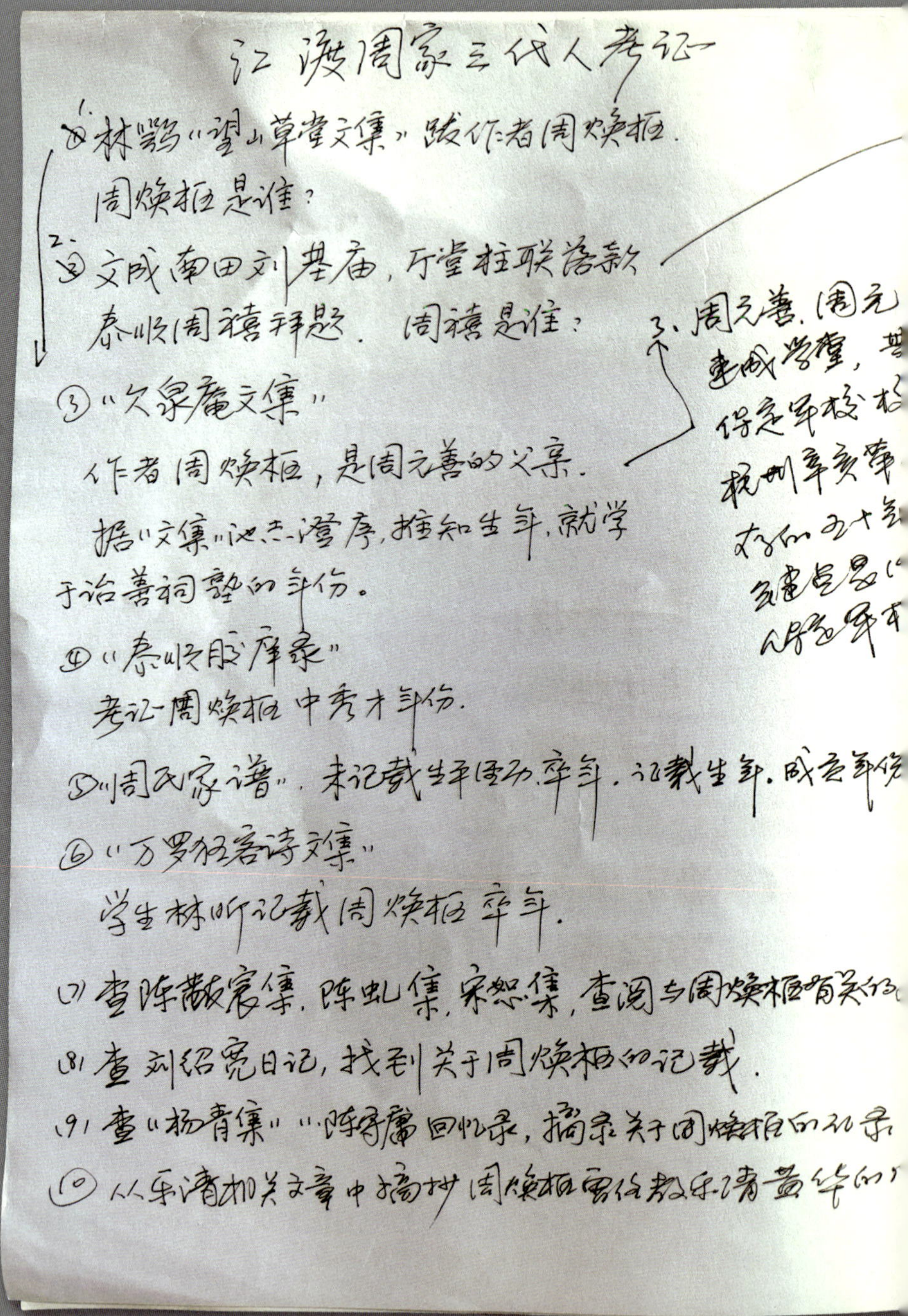
江浚周家三代人考证
1. 林骅"望山草堂文集"跋作者周焕枢.
周焕枢是谁?
2. 文成南田刘基庙，厅堂柱联落款
泰顺周禧拜题. 周禧是谁?
③"欠泉庵文集"
作者周焕枢，是周元善的父亲.
据"文集"池志澄序，推知生年，就学于诒善祠塾的年份。
④"泰顺职官录"
考证周焕枢中秀才年份.
⑤"周氏家谱"，未记载生平经历卒年，记载生年，成名年份
⑥"万罗轩客诗文集"
学生林昕记载周焕枢卒年.
⑺查陈黻宸集，陈虬集，宋恕集，查阅与周焕枢有关的
⑻查刘绍宽日记，找到关于周焕枢的记载.
⑼查"杨青集""陈守庸回忆录"，摘录关于周焕枢的记录
⑽从乐清相关文章中摘抄周焕枢曾任教乐清黄华的
3. 周元善. 周元

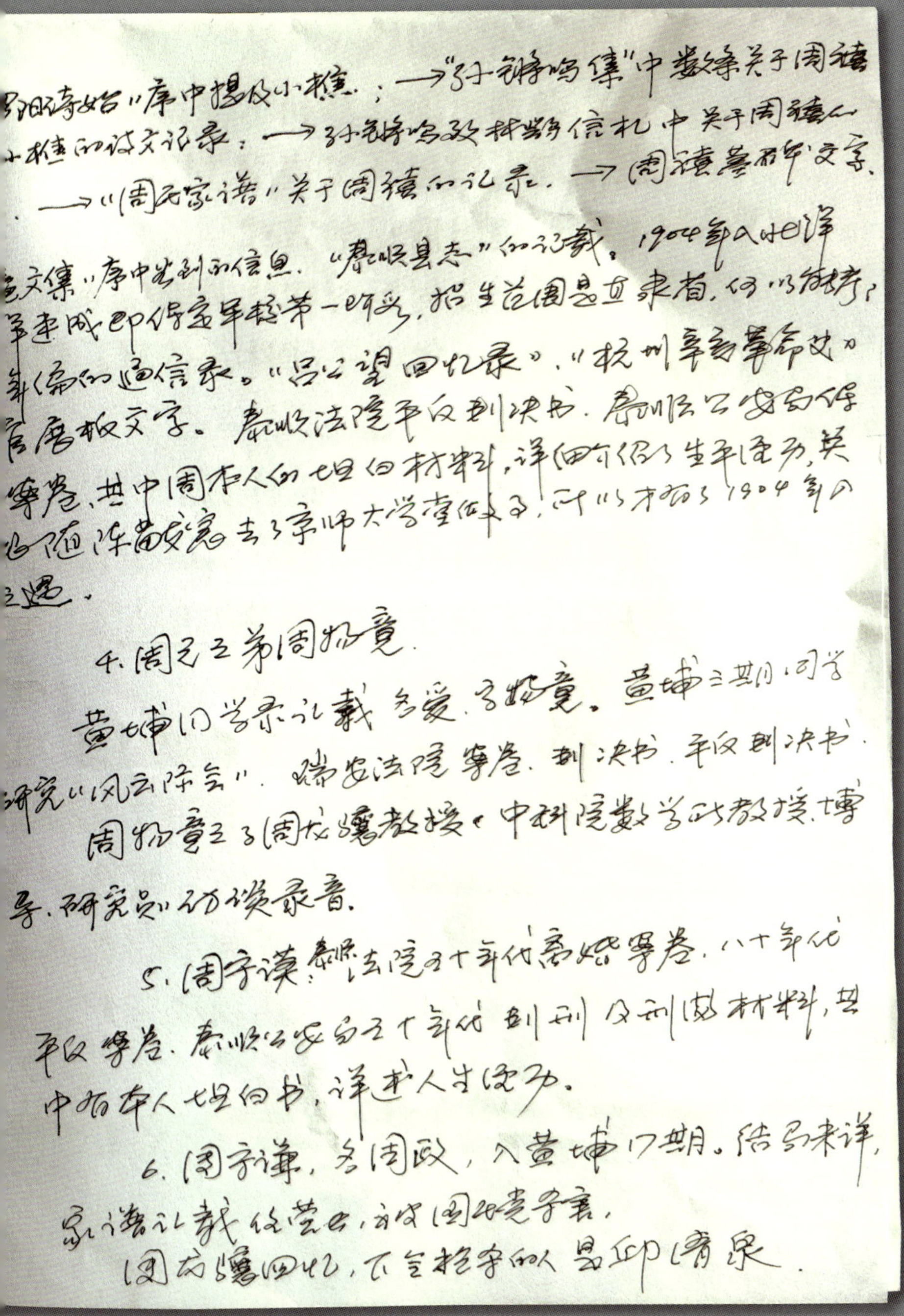
阳诗始"序中提及小楂；→"孙锵鸣集"中数条关于周積
小楂的诗文记录；→孙锵鸣致…信札中关于周積的
→"周氏家谱"关于周積的记录。→周積墓碑文字。
文集"序中出到的信息。"泰顺县志"的记载。1904年入北洋
速成即得全军考第一名，招生总团是立案者，何以能够？
的通信录。"吕公望回忆录"、"杭州辛亥革命史"
墓板文字。泰顺法院审判判决书。泰顺公安局保
档卷，其中周本人的坦白材料，详细介绍了生平经历，关
随陈黻宸去了京师大学堂任职了，所以才知道了1904年入
之遇。
4. 周之三弟周拙竟。
黄埔同学录记载名爱，字拙竟。黄埔三期同学
研究"风云际会"。瑞安法院档卷、判决书、审判判决书。
周拙竟之子周…教授（中科院数学所教授、博
导、研究员）访谈录音。
5. 周…：泰顺法院五十年代离婚档卷，八十年代
平反档卷。泰顺公安局五十年代判刑及刑满材料，其
中有本人坦白书，详述人生经历。
6. 周…，名周政，入黄埔四期。结局未详，
家谱记载往台湾，被周…害。
周…回忆，下令枪杀的人是邱清泉。

● 一个刑侦警察，喜欢历史考证，刑侦工作和历史考证在思维方式、逻辑推理上，应该有很多共通点吧。基于这样的猜想和期待，我们请赖立位画一张某篇文章的考证图，类似电影里，警察办案时的那种人物关系图表。但赖立位太认真，最终写来了这篇他自称为"涂鸦"的手稿。供图/赖立位

迁到云南昆明。最初在丽水办学的英士大学，后来迁到泰顺。1943年迁入，1945年迁走，前后有三年时间，在泰顺的教育史上也是很重要的一笔。外面烽火连天，学生们在祠堂、老房子里上课，培养了许多很杰出的人才。英士，就是陈其美（陈其美，字英士），是陈立夫、陈果夫的叔叔。

当年还有这样一个故事。第二次世界大战期间，美国的飞行员执行轰炸任务后，返航途中燃料不足，正好飞到司前，只好跳伞。飞行员讲英语，当地人听不懂，幸好有英士大学的学生，问清身份后将他护送到温州，之后归队。

罗阳镇·万罗山·许笃仁

前些年，日常事务繁多，这几年才有多一点时间，也才有一点成果。有时考证有个结果出来，自己也暗暗欢喜。

去年2月，我在《温州日报》上发了一篇文章——《桃花岭上的诗歌姻缘》。古时温州，包括泰顺，如果去杭州，一定要经过括苍古道（括苍就是丽水），古道要穿过桃花岭。我在抄两位泰顺先贤诗集的时候，发现清代咸丰年间，泰顺有一对夫妻诗人潘福纶、张凤慧，两人的姻缘居然就是因为桃花岭上的题诗促成的，当时看到这个觉得很有趣，后来加以考证，写了这篇文章。

说起来，历史很抽象，很遥远。从远古时代断断续续走到今天，很多东西消失了，但通过某些方法，又重新联系上，家乡就变成一条绵延不绝的历史河流。这条河流里，一定要有一些标志性的人物，某个人，某个时间点，做过什么事，留下什么东西。这些东西，如果还值得我们后人学习、借鉴，就把它考证出来，重新激活，点亮。

温州有个名人叫孙诒让，他被章太炎称为“三百年绝等双”，是最后一代大儒。他在温州做的最后一件事就是办学。清朝废除科举后，兴办新式学堂，因为温州、丽水离杭州比较远，两地绅士就提议在温州设立温（温州）处（丽水）学务分处，选出一个分处的总理，就是孙诒让。

孙诒让有个助手，相当于办公室主任，叫刘项宣。当年，孙诒让的儿子为了写父亲的年谱找到他，说父亲最后几年办学，你一直跟着他，你把这些事情写一下。于是他留下一篇长文《温处学务分处纪略》，这篇文章的落款是“罗阳刘项宣”。罗阳就是泰顺县城，但刘项宣是谁，我之前不知道，泰顺人也都不知道，就花了些时间把他考证出来。

考证跟破案一样，你跟谁有关系，有联系，如果找不到你本人，可以通过你联系的人打听，总会有线索。

比如，刘项宣的生辰是怎么考证出来的？就看他生活的年代，他周边人的痕迹，一些人留有日记，把这些日记调出来查阅。

他有位朋友叫刘耀东，平时写日记，留下一本《疚庼日记》。民国三十五年（1946）11月17日，刘耀东在日记中写道：“温州名绅杨雨农做东请吃饭，同席马祝眉、王秉忱、刘项宣、池仲霖、叶适庵、刘景晨、梅冷生。马祝眉七十八岁最年长，梅冷生五十一岁，最年轻。刘项宣与池仲霖同为七十五岁。”

民国三十七年（1948）3月3日，刘耀东收到乐清张云雷来信，信里说“泰顺刘项宣去世”，信里还附录了他写的挽联。信写于农历十二月二十六，基于时局原因，刘耀东在近一个月后才收到信。

从这两则日记可以推算出，刘项宣生于1871年，去世于1947年阴历年底。

这只是生卒年，但就是这样，大海捞针般，把一个人物一点点从黑暗中捞出来。去年12月，我写了篇文章《清代泰顺先贤》，就写了包括刘项宣在内的三个人。刘项宣还有后人在，只是现在还没找到。

这篇文章里也写到了许笃仁先生。许先生钻研学问很深，虽然只是北大的助教，后来回泰顺教小学，到温州教中学。他写过一本关于《周易》的书《周易新论》。书里提出的观点完全颠覆了前人对《周易》的解读，他认为《周易》就是古代观测天象的书。民国时，王云五出版《国学小丛书》，里面就有《周易新论》。20世纪80年代国学兴起，又有人把他的观点拿出来写文章，其实许笃仁早在五六十年前就写过了。

他还写过长篇论文，说《离骚》的作者不是屈原，而是汉代的刘安；也写过《闽语证诂》《楚辞释疑》《老子浅说》等学术专著。

泰顺县城中间有座小山，叫万罗山，万罗山北坡有个"抗战阵亡将士纪念碑"，这个碑文就是许笃仁写的。

从做学问的角度，泰顺民国时期，许笃仁是最好的一个。他后来参与创建泰顺中学，库村书院包登峰老师的外公，就是许笃仁的学生。

桥下村·望山草堂·林鹗

我把温州图书馆古籍部收藏的泰顺籍先贤留下的古籍翻了一遍，开始做重点研究，现在主要研究晚清人物林鹗。

林鹗，泰顺罗阳人，二十岁就中了秀才，但接下来的科举之路一直不顺，直到五十岁才成为贡生，而且还只是岁贡生。贡生分五种，岁贡是其

● 仲春，赖立位带我们回到林鹗的故里望山草堂。有很多瞬间，错觉他就是林鹗，至少，他是林鹗精神命脉的挖掘者和传递者。摄影/曹曈

中非常普通的一种。

他涉猎很广，从诗文到剑术、阴阳地理等，留下来的著作也多，有研究风水的，有写周易占卦的，还有一部写古琴的。温州留下古琴专著的先贤不多，林鹗不仅琴弹得好，还会作曲，他写古琴专著的时候，已经近八十岁了。

他还编过一本志书《分疆录》。编这本书的原因是，泰顺已经很久没修县志了。在他之前，官方最后一次修志是雍正年间，主持修县志的县令叫朱国源，这人人品很差，志书修得也差。林鹗说："我如果再不整理，今后可能有人把错的当成对的。"于是，他以私家的力量修了这部志书。"分疆"的意思是，泰顺建县时，是从瑞安、平阳两县各分了一部分疆土过来，合成泰顺县。后来人称，《分疆录》是泰顺建县以来最好的一部志书。但它不

● 林鹗（1793—1874），字太冲，号迂谷，祖籍泰顺里光，出生于罗阳，迁居南院桥下。道光二十二年（1842）岁贡生。曾任兰溪县学训导、温州中山书院掌教。博学多才，涉猎广泛，能诗善文，精通易理，熟谙兵法，著述丰富。——这是赖立位写的林鹗简介。

具备完整的县志体例，所以不敢叫县志。

2010年，泰顺有位青年学者陶汉心，在纪委监察局工作，但爱好文史，花了很多时间，把这本书点注、校勘、刊印出来，成了《分疆录点注》。

由这本书，我就开始关注林鹗这个人，把他留下的著作逐个翻了一遍。后来看到《清代诗文集汇编》里温州人的情况资料，该书选录了温州十四人二十一种作品，其中泰顺四人五种作品。我看到这个数据也蛮兴奋，一直以来都觉得泰顺在温州没什么地位，没想到在这套《清代诗文集汇编》里，泰顺占比不小，其中就有林鹗的《望山草堂诗抄》。

也是在这过程中，我慢慢厘清了他一生的轨迹。前面说，他成为贡生的时候已经五十岁。一般人到这时已经没什么想法，但他不甘心，到五十五岁还有求取功名的愿望，到国子监去读书。读书时，平时考试也挺好，一到关键时候就不行。最后没办法，他朋友在广西任职，用现在的

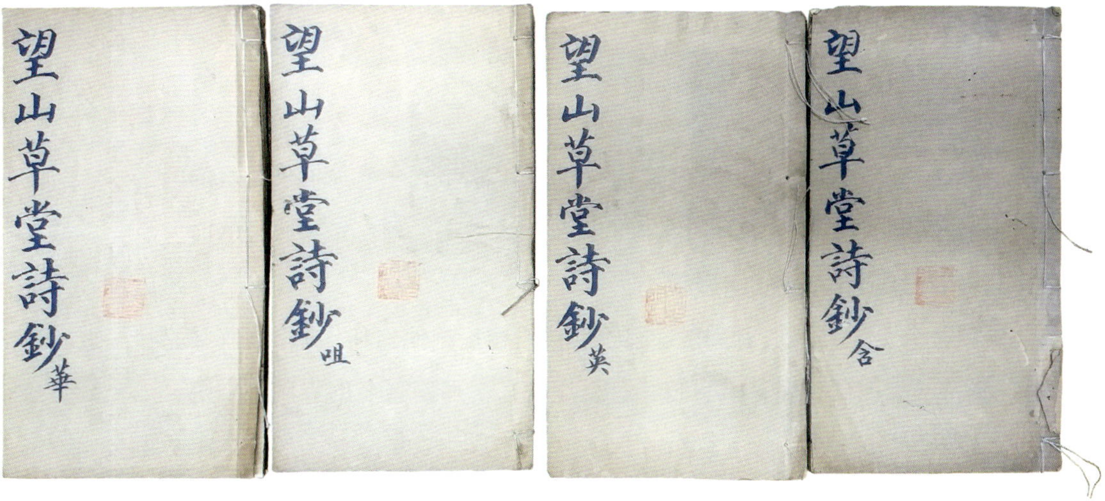

● 林鹗所著《望山草堂诗抄》后来被收入《清代诗文集汇编》，此外尚有《望山草堂文稿》《望山草堂琴学存书》等书以他的居住地命名。

话，就是教育厅厅长，他从大运河南下，经钱塘江入丽水、金华、衢州，穿过江西、湖南到桂林，去朋友那里做事。

刚去没多久，就碰到太平军围攻桂林。他这人很博学，不但剑术好，兵法也懂。当时的领导觉得林鹗这人还可以，就让他负责守桂林城的西门——西清门。最后桂林没被攻下，太平军撤走。林鹗说："追！必须把太平军堵截在广西境内，不能让他们进入湖南。"当时主管的官员觉得，不继续围攻桂林就可以了。如果听从林鹗的建议，就不会酿成后来对整个中国那么大的危害，晚年他一直对这件事耿耿于怀。

从小到大，历史书上都说太平天国是好的，这些年自己读了一些书才发现，太平天国也具有一定的破坏性。我前年准备写一组文章，"泰顺清代文士的西湖踪迹"，查到太平军在浙江的一些作为。

杭州在太平军攻入之前，人口是三百七十八万，到左宗棠收复杭州城时，只剩下七十八万！这三百万人，逃命的，死掉的，惨不忍睹！杭州在清代有“城中城”，现在靠近西湖边的位置，当时有个一平方千米左右的小城，清军驻扎在这里，有一万多人，以满族人为主。到左宗棠收复的时候，只剩下七八十人。

泰顺有个贡生叫陶祖翼，左宗棠收回杭州城后，他出任仁和训导（县教育局局长）。他到任后，满目疮痍，百废待兴，那些著名的寺院、书院都毁于战火，等待修复。

回头说林鹗。去年，我把他的诗集做了抄录、点校，今年可能会出版。现在在做他的文集整理。

林鹗的故居在南院乡桥下村，名叫望山草堂，当年是一座墓庐，他父母葬在对面。古时守孝，后代要在坟墓附近搭个简易房住上一阵。他本来家住县城，后来家里困难，就把县城的房子卖了，举家迁居墓庐，这里成了他余生唯一的居处。迁居以后，他给墓庐取了个好听的名字：望山草堂。他写的书，大多冠以望山草堂之名，如《望山草堂诗抄》《望山草堂文稿》《望山草堂琴学存书》，他儿子写的诗集也叫《望山草堂诗续》。

江渡村·周厝·周元善

我老家隔壁的江渡村有个家族姓周，民国时出过一个人物——周元善。中华人民共和国成立后，他以恶霸地主的罪名被抓起来，判刑三年，最后死在监狱里。民间有很多关于他的传说，我小时候就听过。

去年，我重点考证了周元善这个人。刘基庙那副题联的作者周禧，其实就是他祖父。周禧是贡生，他父亲周焕枢也是贡生，这是一个诗书传家的家族，民国以后突然变成一个崇武的家族。周元善自己是保定军校毕业的，他弟弟、两个儿子，都是黄埔军校毕业。在民国时期的泰顺，这样一个家族，也算不简单的。

他的弟弟周物竞是黄埔军校第三期毕业，留学莫斯科“中山大学”，后来一直在黄埔军校任教。黄埔军校在成都起义时，周物竞是政训处的主任秘书或处长。周物竟的儿子周龙骧，是中国科学院数学研究所的。数学研究所很厉害，很多大数学家都从那里出来。

周元善从保定军校毕业后，进入清朝的新军里服役，相当于现在的营级干部。辛亥革命起义后，上海也成功了，浙江也成功了，整个华东地区，清军势力最大的聚集点在南京。如果南京不拿下，上海和浙江的胜利果实都很难保住，所以就组成“江浙联军”，联合攻打南京。当时浙江派出一支三千人的队伍，周元善是参军，是参谋长下面的几个助手之一。

南京当时最大的堡垒叫天保城，是曾国藩收回南京后建立的一个军事据点，易守难攻。最后，浙江的部队把天保城攻打下来，孙中山成立的中华民国临时政府才有一个落脚点。当时武昌实际上快撑不住了。中华民国为什么在武昌起义，但最后在南京成立政府？江浙沪是中国最富的区域，这三个地方都控制住了，孙中山就在这里就职，所以浙江这支部队当时起到的作用非常大。

这些人后来都被委以重任，周元善也获得了一个职务，叫浙江外海南路水师统领，用今天的话说，相当于温州水警区司令员。但这人脾气可能不是太好，在部队只待了一年多就回来了。1927年，又被委任去平阳当县长，半年不到就回到泰顺。

辛弃疾的词里写道：“斜阳草树，寻常巷陌，人道寄奴曾住。”太阳西下，满目荒草，旧居场景凄凉，我写江渡周家三代人的文章，就叫《斜阳草树》。当年周元善被评为地主后，房子大部分被没收，分给其他人，如今人都已经不住在里面了。木构老屋无人居住，容易衰朽，周元善的故居如今已是岌岌可危。

千年文脉，一代传一代

泰顺很怪，县城罗阳的位置非常靠西，是一个边城。从县城到最东边的分水关，古时走整整一天的路还不到，但是往西，一个小时就到福建寿宁境内，只有三千米（今天的距离是五千米，边界有变动）！你说怪不怪？一般来说，县城大多居中，这样，行政辐射力可以平均到达每个点。

按道理讲，这样的位置是很不理想的。但奇怪的是，泰顺建县以后，所有的文举人、进士，无一例外，全部出自罗阳。其他虽然不是举人、进士，但名气很大的文士，比如曾镛、潘鼎、董斿、林鹗，都是罗阳人，所以我写了篇文章《中晚清罗阳文士群的交往及其影响》。这个群体很特殊，我想看看他们都是什么关系，朋友圈里都有谁，留下什么东西，对后代有什么影响……但题目太大，总觉得内容还不够丰满。

整个清代，罗阳文士群的人品、学识、留下的著作，对后来影响非常大，一直影响到今天。所谓的文脉，就是这么一代一代、一点一点传下来的。去年，我在罗阳开了一个讲座“泰顺千年文脉”，大致梳理了一下这块土地的文脉情况。

库村书院曾开过一期论坛，主题是关于“乡愁”。我对现场很多人说，你们讲乡愁，有点像辛弃疾说的，“为赋新词强说愁”。人，只有远离故乡才会产生乡愁。你们这些家族在这里一待一千年，是不会有乡愁的。我们

● 林鹗故居正在翻修，赖立位时时关心着这里的动态。在泰顺，血脉固然重要，但更重要的，是突破家族关系的文脉。林鹗与赖立位，隔着时空，一脉相承。摄影/曹曈

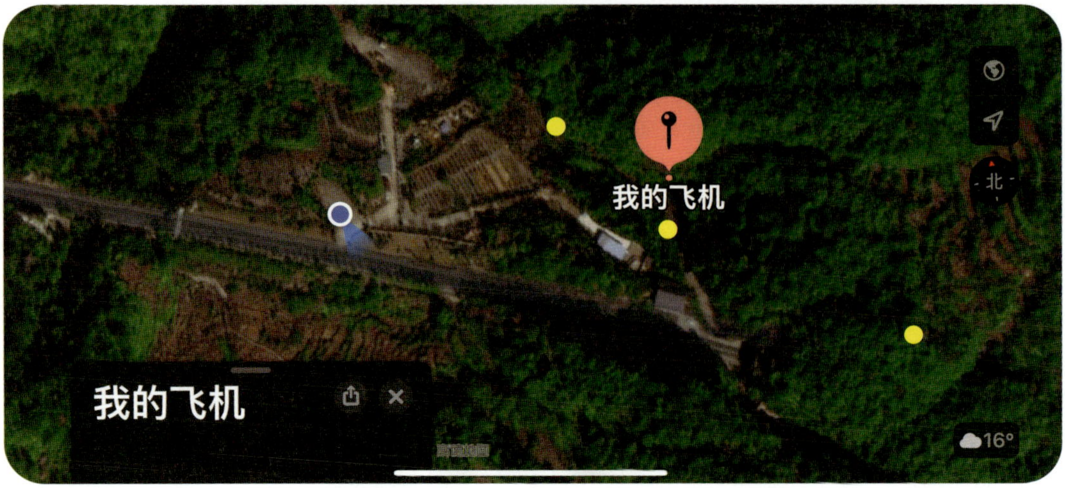

● 仲春时节，赖立位带我们回到他的“田野点”：寮溪流域，他家就在途中的下寮溪村。

那天，我们想用无人机拍一点下寮溪村的俯拍图，但无人机飞出去不到五分钟，就被挂在了山中一棵树上。从定位上看，那位置不高，距离不远，我们自恃走南闯北，野外能力很强，赖立位还是刑侦警察，想着很快就能取回来。但尝试了好几条路径（图中黄色圆点所在位置），虽然近在咫尺，就是没办法接近。不得已，赖立位叫来了他还在村子里生活的表弟。表弟腰间别两把刀，手上持一把刀，从我们“望洋兴叹”的一条绝壁上，猴子爬树般，“蹭蹭蹭”就上去了！

小时候，赖立位和小伙伴们赤着脚在这样的绝壁上自由奔跑，泰顺“九山半水半分田”，当地人是将山视为“土地”的，对山，不陌生，不畏惧，家中后院一样。赖立位出走半生，归来时已不再是少年，但这些考证工作，是他心灵上的回归故里。

这张照片，是当时寻找无人机位置时，手机软件上的截屏。

出去了几十年，对故土会有一种思念，是真的有乡愁。但这份乡愁，原来只是思想层面，现在做一点历史人物考证，感觉更加浓郁。

一个没什么线索、几乎被遗忘的人，经过一番考证，终于把他捋清楚了。这种快乐，也像破案一样。以前，常常半夜三更出发，千里奔袭去抓人。命案对象被抓住后，明知道自己会死，也要垂死挣扎。那时工作很辛苦，但当证据确凿、充分，终于把案子破掉，将犯罪对象交到检察院的时候，心里有种说不出的快感。不干这一行，是没法体会的。现在做历史考证，像自己和自己对话，自得其乐。

* 私家推荐

（赖立位）

① 如果是看廊桥，我推荐仙居桥

仙居桥始建于明代，康熙年间重建，历史上屡次被洪水冲毁，又屡次重修。现在这座桥是仙居村张家人出资重修的。温州信仰的地方神忠训郎徐震，就是仙居人。这个家族在宋代很显赫，出过十一位进士。但现在住在这里的，已经没有徐氏家族，主要是张家。

② 三条桥

三条桥四周没有人家，要走一段古道，走到稍微有点累时，才能看到桥，那种感觉非常好。

③ 南峰寺

泰顺最古老的寺院，按照现在寺碑上的记载，创于西晋，正式建成寺院是在唐咸通年间，大概是869年。现在只有一个和尚，跟当年兴盛时完全没法比。历史上它兴盛到什么程度？收来的田租有三万多斤！寺院根本吃不完，于是有人来占它的田产，寺院就告官。最后县里做出一个处置：寺院粮食太多，分一半给国家。拿来干什么？资助读书人考试。过去秀才、举人、进士赶考，都需要经费，很多人家里穷，这部分田产就拿出来资助他们，这叫宾兴费。

④ 筿溪流域：天马山—桥下—上筿溪—江渡—下筿溪—山交村—仙居溪

这段溪流有十千米左右，不长，但沿途遍布重要的人文遗迹，我写过一篇《筿溪云烟》总结。

具体而言，位处最高点的，是桥下村的望山草堂，林鹗晚年的居住地，我写过《名山未了著书心——望山草堂里的林鹗先生》《林鹗与端木国瑚的两世情谊》《六一书窥——林鹗先生的书房》《仿孙观察诗和莒生见寄赏析》几篇文章。

往下到上寮溪村，嘉庆年间，周吾、周畯兄弟从县城迁居于此，分别建造了灵山草堂、黄叶山庄，晴耕雨读，诗书传家。他们的朋友潘鼎、董斿、潘昕，多次应邀来到此地，饮酒赋诗，留下大量诗作。我为这里写过《灵山草堂——泰顺耕读文化最后一处地标》，标题表明了我对这里的定位。

再往下就是江渡，周元善家族居住地，我写过《晚清著名文士周焕枢》《刘基庙题写对联的泰顺人》《斜阳草树——江渡周家三代人》。

江渡北侧是下寮溪村，泰顺官道桐山大道的必经之处。我的第一篇文章是《寮溪的桥》，后来陆续写了《下寮溪人》《那桥，那人，那碑——重建下寮溪桥碑记作者潘时敏》。

顺流而下，就到了山交村，我写过《山交杂记》。村中有著名的龙护寺，是明朝洪武年间日本僧人太初和尚创建的。中华人民共和国成立后，最后一个和尚圆寂，田产归公，寺院被拆。寺前有两棵大桧柏，树龄约达七百年，传说是太初和尚手植。

沿着这条小溪，可以读到泰顺千年的文脉，这是一条历史之河、文化之河。

一方田野

一个历史人类学者，用十五年时间，在泰顺一段不及十千米的溪流两岸反复行走，他到底在寻找什么？

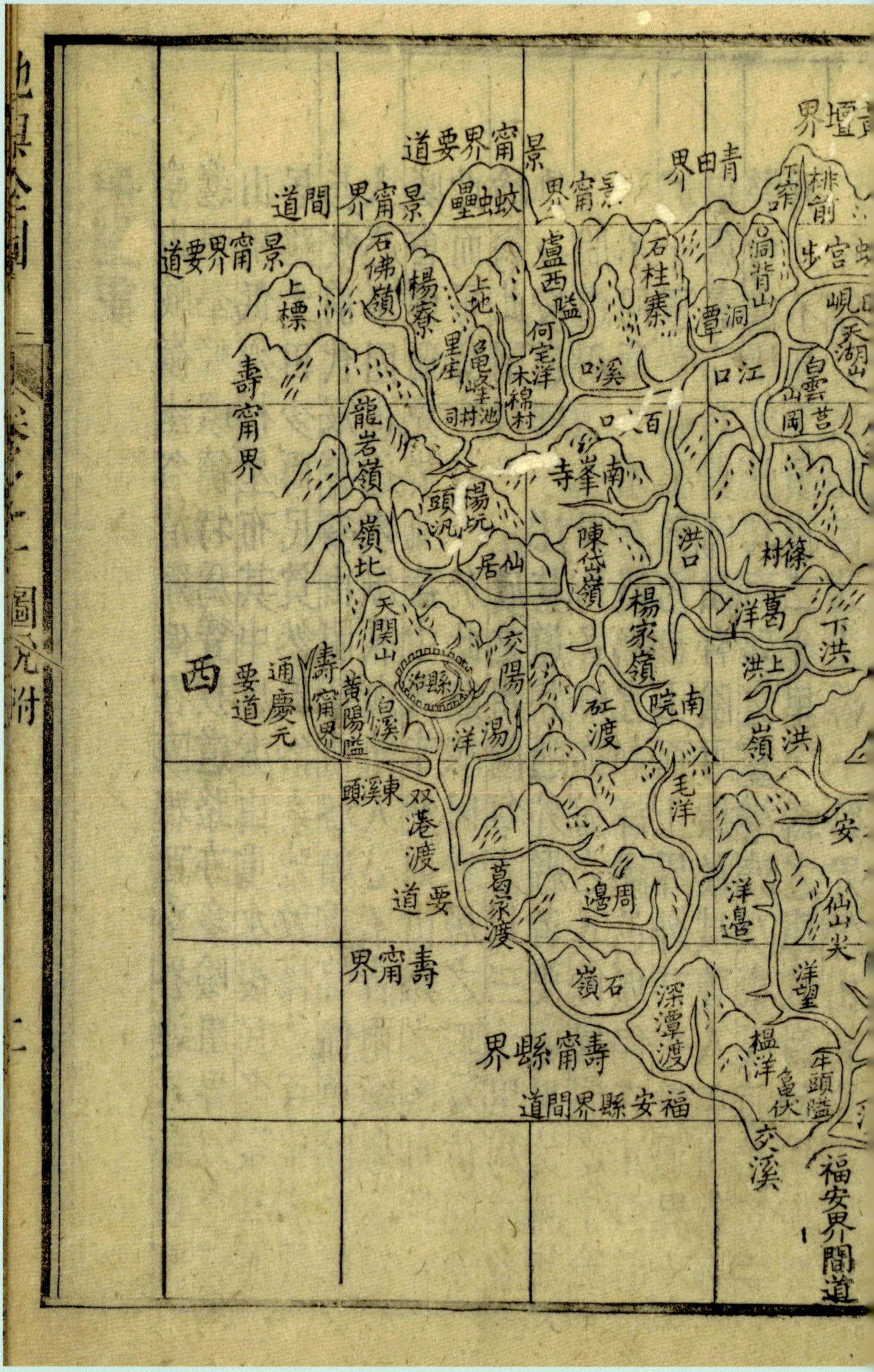
景甯界要道
景甯界間道
景甯界要道
景甯界
青田界
上標
壽甯界
石佛嶺
楊寮
盧西隘
石柱寨
洞背山
潭洞
何宅洋
木棉村
溪口
江口
百丈口
白雲
天湖山
南峯寺
龍岩嶺
陽坑
頭汎
仙居
陳岱嶺
洪口
篠村
嶺北
天関山
縣治
交陽
湯洋
白溪
黄陽隘
壽甯界
通慶元要道
西
楊家嶺
南院
矼渡
葛洋
下洪
上洪
洪嶺
毛洋
安
東溪頭
双港渡
要道
葛家渡
周邊
石嶺
壽甯界
洋邊
仙山尖
望洋
深潭渡
壽甯縣界
福安縣界間道
榅洋
龜伏
牛頭隘
交溪
福安界間道

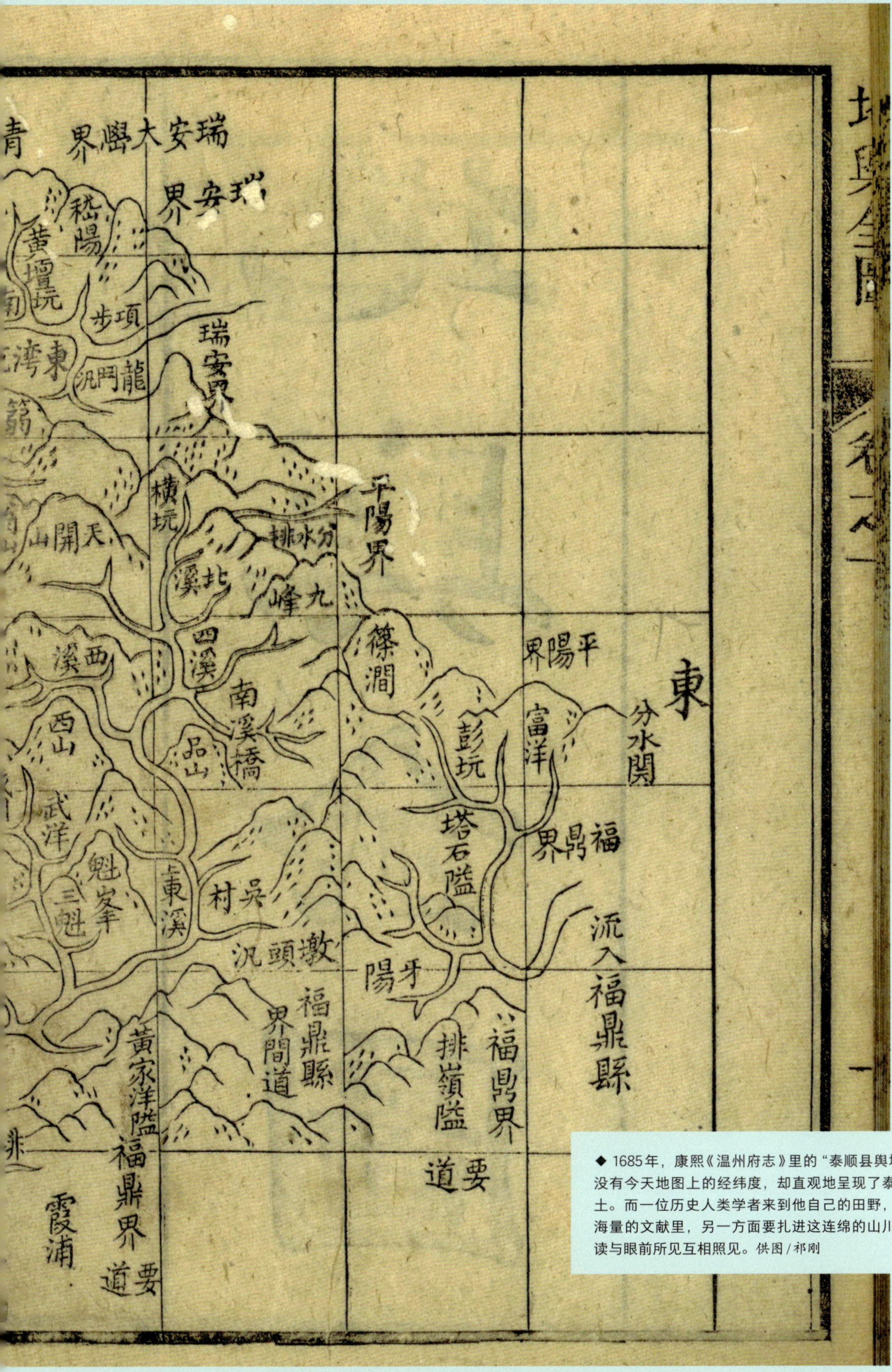

◆ 1685年，康熙《温州府志》里的“泰顺县舆境图”。这张图没有今天地图上的经纬度，却直观地呈现了泰顺的地貌、风土。而一位历史人类学者来到他自己的田野，一方面要扎进海量的文献里，另一方面要扎进这连绵的山川里，将书上所读与眼前所见互相照见。供图 / 祁刚

一次田野调查，一次生命转向

祁刚＆黄菊　对谈

泰顺以廊桥闻名。有天晚上，采访一位今天还在建造廊桥的木匠，吴师傅。他大量的时间，不是讲看得见的技术，而是讲看不见的风水、禁忌和鬼故事。那个看不见的世界很重要，但我感到陌生，融入不了。因为没有合适的回应，师傅越讲越没兴致。

忽然，一位斯斯文文的年轻老师进来，轻轻挨着我们坐下。他对吴师傅讲的大小细节都了解、理解，偶尔插入一两句解释（为了让我听懂），便会引来吴师傅一阵激动——有时拍大腿："对对对，就是这样！"有时凝神思考："哦，还有这样的？"他觉得自己终于被理解，对方甚至比自己了解更多。

那位斯文的老师，就是祁刚。

夜越来越深，吴师傅却兴致渐浓，聊到很晚才开车走山路回家。临别前，他再三邀请我们第二天去他家吃晚饭，接着聊。

泰顺不大，南北向，大致以中间的天开尖、天关山为界，分为南北部，北部与温州往来更多，南部与福建往来更多。吴师傅家住雅阳镇，属于南部的南部，几乎出门就是（福建）福鼎。

第二天，我们准时赴约。一起吃饭的，还有十余位雅阳当地的乡民。我问了很多突兀的问题，祁刚一次次巧妙地帮我化解。

第三天，前一晚席间的一位乡民，又单独约祁刚，请他再去雅阳小叙，因为有位老先生想见他。

我隐约感觉到，在我和当地人之间，隔着一条河流。我和他们之间，是一种"我和他"的关系。而祁刚，他是河上的渡船。他和他们之间，是一种"我和你""我和我"，乃至"无你、无我、无他"的关系。他是谁？他是怎么做到的？

祁刚，在厦门集美大学念本科，南京大学念硕士，复旦大学念博士。博士毕业后，在南京一家事业单位工作了五年，因为不想过那种“一眼看到底”的人生，三十五岁前，做了最后一搏，去厦门大学做博士后。而今，他在温州大学教书，治学。

他的履历顺畅、光鲜，对无论是书呆子一样的我，还是没上过学的吴师傅，他给人的印象都是谦逊、诚恳，和对所有事情表现出来的好奇。和他一起，没有人会想起他的身份：一个学者，一个容易使乡村的人自卑，又总想向他请教点什么，不属于日常生活世界的学者。没有。那几日，所有当地人和他一起时，都有一种同乡、同族的气息环绕四周。而我，是河对岸的陌生人。

那天傍晚，他从雅阳回来，因为下午见那位老先生的“快乐”“愉悦”，他一口气讲了几小时。

2007年，念博士期间，他因为一次偶然的机缘来到泰顺。到今年，整整十六年过去了，他一直在泰顺走来走去（甚至最后选择来温州大学任教，也是因为这里距离泰顺很近），做着看似与专业、与研究无关的事，被老师视为不务正业，被同学开玩笑不去发表文章。

但那一口气讲下来的几小时，像一封口述给泰顺的情书。他频繁使用“欢喜”“愉悦”“舒服”这样的词，来描述他的研究。他谙熟一个学者的所有工作方法，却完全不受学者身份的束缚，而将自己还原为一个具体、真实的人。

在泰顺十多年，他的主要活动范围就在筱村一带。更具体一点，在玉溪两岸的几个村子：东垟、长垟、徐岙底、枫林、竹园、岩头、新楼……离开那天，早上7点，我从徐岙底出来，经过长垟、枫林、竹园、岩头，在文兴桥上高速。太阳刚刚出来，透过车窗玻璃打在身上，很暖和，窗外的山林和田野在晨曦里逐一展开、推远。想起祁刚每次下来，和我走着相反的路，夜里从上海、南京或者厦门出发，经温州转车，也是早上七八点抵达泰顺，在文兴桥下车，沿着玉溪，依次进入岩头、竹园、枫林……也是太阳刚刚升起，面对自己的田野，他感到“这是一片充满希望的田野”。

❶

黄菊（以下简称“黄”）：从温州过来，一路都是山。你一直往返于这些山里，是什么感受？

祁刚（以下简称“祁”）：我从小长在平原，没见过山。第一次看到山是在福建，绵延不绝！时间长了之后发现，如果我视线范围内没有山，就会缺乏安全感。福建的同学不说东南西北，他们就两个概念：上去、下来。我一开始不接受，后来发现，在山里讲东南西北没用，只有“上”和“下”的概念。

福建的山，用一个词形容，就是“浩瀚”。在山里开车，觉得永远没有终点，所有的路都在山里，兜兜转转。我曾经走到一个地方，福建政和县的杨源，从两山之间的一条陡坡一路上去，真是一夫当关，万夫莫开！后面看文献才醒悟过来，居然是那个地方！山的地形，因此而出现的独特交通、人文，背后都有历史可循，那是我第一次直面山的历史。

黄：“山的历史”是什么意思？

祁：山是很重要的地理环境，有很丰富的资源，但是人如何认识山，如何改造环境，如何利用资源？我们不是飞鸟，没有翅膀，作为一个个体，我们在山里不值一提。可是我们的先民，从宋代起就知道如何观察山的形状，了解山的结构。对山的利用，不管是地表的林木还是地下的矿藏，他们都发挥到了极致。

我曾经跟老师讨论，我说中国人对山区的

开发，特别是对矿脉的识别，在唐宋时期到了一个很高的高度，所以宋代开始出现风水的流派，江西派、福建派都与山有关系。而在宋代，这两个地方的矿藏都很丰富。我断言（当时我很狂妄，老师觉得我好玩）：没有矿业的发达，就不会出现矿工群体；没有矿工群体，矿工中那些有知识有文化的人，就不会判山。真正能够望山识气的，是矿工中那些有经验的人。他们将这些知识做了一套超自然经验的描述，形成所谓风水。那其实是一套密语，只在本行、本业、本地人中流传，那就是他们对山脉的识别。

比如，我们都学历史地理，都会看地图，对吧。但是，有个很大的问题：当地人会看山，知道山长什么样子，山与山怎么连起来，我们不会。我们只能通过看地图来知道地形，但本地人有一套方法，能看出山的形状、走向、分布，还能讲出山的风水。他们以前没有无人机，也没卫星图，怎么看出来的？

泰顺紧挨福建，也是“九山半水半分田”。这里的人喜欢馒头山，馒头山小小的，圆圆的，在这样的山下建村子，很安全。他们不喜欢高大的、尖尖的山，很危险，会有泥石流。他们生活的空间、居住的村落，以及当地话里的“过背”（人去世以后，归属到山的另一个方向，也就是回到山里）……都在讲人和山的关系。

生与死，这两头跟山的关系，构成了他们对山的定义，这是他们最基本的逻辑。只有这个逻辑成立之后，昨晚吴师傅讲的那些话才成立。如果一个人的生活环境跟山关系不大，那么，不论坟墓的营造，还是祠堂、廊桥的建造，他们不需要重视风水。而重视风水，除了对于美好生活的向往，还有一个逻辑是，面对同一个生态环境、同一片生存资源，人与人之间需要产生一套协商机制。这套机制，可以用风水来化解。

所以建造祠堂、廊桥、寺庙，包括民房，它不是一个技术问题，更多的是要懂得人心，因为都是给人用的。泰顺这边风俗很多，比如上坟墓的台阶是双数，上廊桥的台阶一定是单数。现在有些师傅不管不顾，只要对称美，老百姓一看就知道其是不是外行。

❷

黄：你原本学历史地理，是怎么跑到这个研究上的？

祁：我是被老师抓过来的。读博士的时候，心心念念想做一篇福建的博士论文，老师说，那你就做闽北吧。闽北过来就是浙南，其实我一开始想做福州。

黄：福州的念头是怎么来的？

祁：我本科是在福建度过的，已经习惯了福建生活，当时有一个女朋友是福建人，跟她们家族有很多深入的互动。自那时起，我也以福建人自居，家里有很多亲戚在福建，所以有很多生活经历，觉得做起来会比较开心。那时（念博士时）刚去上海，不大适应得来。

黄：你在福建待过，不也一样吗？

祁：我硕士在南（京）大（学），南大很多东西是不要钱的，比如上网。我记得在（复旦）北区上网，要网通的卡，五十元钱一张，一元钱一小时，你也买过对吧。那个让我体会很深。后来觉得上海都市气太重，而纯粹的历史地理研究也不能让我感觉到学术的愉悦和内心的满足，很想出去。

2007年夏天，正好中大历史人类学中心的老师说：“我们夏天有个田野调查的活动，你要不要参加？”后来就在广东的梅州跑了两个礼拜。那期间，中大、厦大很多老师的课程设计不是让你去学东西，而是让你感受、体验，那比单纯地学技巧、学某种所谓的能力更重要。从此，我对这种方法和田野生活有了向往。

田野调查结束有个作业，要求每个人回去后的三个月内，要完成一次独立的田野调查，要有资料，有问题，有分析。梅州之行结束后，我就直接到了泰顺，那是“地球观察组织”在泰顺考察的第二年。此前一天，老师已经带着其他人抵达泰顺，大家一起会合。

坦率说，从梅州回来之后，老师一开始让我按照他的方式工作，我不太能接受。

黄：他那一套是什么？

祁：举个例子。他到一个村子调查时，先通过村两委（党支部委员会、村民委员会）把村里的老人全部喊到办公室。他坐这边，老人坐那边。他问：“你叫什么名字？多大年纪？家里几口人？子女什么职业？每年收入多少？……”那些老人在那边全程发蒙。

我跟老师讲，这个不对。老师说：你要怎么聊？我说，要到人家家里去，坐在门口聊也行，田间地头也行，一边喝一边聊也行……他说，没时间这样聊。所以开始那几天跟老师闹得有些不愉快。后来老师说：这样子，给你一部车，给你几个学生，你自己带着出去调研。我就带了四个学生，其中还有两个美国人，每天按照自己的方法走，就这样开始了一段奇妙的旅行。

有一天，我到了筱村。那是台风到来之前。下车后遇到一个人，他看了我一眼，我看了他一眼。他问我来干吗，我说做调查。然后他问：“你认识刘杰吗？”我说：“认识啊。”他说：“刘杰以前来的时候也是我接待的。你调查什么？”我说想看看有没有老的东西。他说这边都是老的，随便看。“有祠堂吗？”“有啊！”然后他带我去祠堂。我又问：“有没有族谱或者带文字的东西？”这是当时我们历史人类学最基本的方法，一些问题导向。他活动能力很强，给我找了一大批东西。这算开了个好头，从此就每天到这边来。

黄：筱村是个镇，具体在下面哪个村？

祁：东垟村。他看我每天都来，很开心，全程陪着我。有一天，我问：“这边有没有道士？”结果，他邻居就是。

那道士跟我父亲一个年纪，他儿子跟我一个年纪。后来我跟这对道士父子关系很好，他做法事我去，他家的婚丧嫁娶我也尽可能来参加，只要打电话就来。

黄：为什么要找道士？

◆ 2007年，初抵玉溪流域的祁刚就遇见了后来的两位核心人物：一文（上图）一武（下图）两位道士。他们像两把钥匙，由此开启了祁刚进入泰顺的秘道。供图/祁刚

祁：因为整个社区的生活场域里，道士是很重要的一个环节。

黄：这是普遍的经验，还是基于对这里的观察？

祁：观察啊。这里的乡间有过关、转运等民间习俗。这是我以前没接触过的东西，比如过关，很好奇怎么过关、过什么关？是“收惊”“退煞”，还是什么？那时都不知道。

黄：“过关”是？

祁：“关”，是每个人生命中必须经历的关口。过关，讲简单一点，就是为了顺利度过关口，解除厄运。因为以前完全没经历过这些，就听这位道士师父讲，从一个字一个字开始讲起。他做法事我就跟着去，看他怎么布置坛场，怎么书写经文。那个道士觉得我还算可交的人，后来单独跟我讲了很多事情，他的师承，师承背后的历史，等等。我发现这不是一个所谓的职业训练，而是一套文化传承，就想把这些东西背后的泰顺道教的历史提炼出来。

黄：一代一代的职业训练，不就是一代一代的文化传承吗？

祁：现在一些道士，两三年就完成学业了，但他们做的东西不像样子。比如这边的道士平时都穿便装，做法的时候要换道袍。换道袍时，有一套前后左右“正衣冠”的做法，如果没有文化传承，穿上道袍就做事了。那套“正衣冠”的做法，老人一看就知道你是不是正宗的。有文化和没文化，是两样东西，这就叫修养，不是你能教的。这些细节，老师在教的时候，也没讲这是关键的东西，但他们出去做事之后，老人就会给他们反馈，你这个东西是正宗的，师承是对的。

传统时代，面对不识字的人群，如何通过这些口头传统，使得地方上的人具备文化和知识，道士很重要。但如果让向导带我一家一户跑，就很傻，如果跟着道士跑，我就可以以很自然的状态进入社区，他会帮我带来很多线索。

黄：为什么佛教寺院不可以做这些？

祁：佛教僧侣做事情，是不出山门的，除非你跑到庙里去；而道士是到处跑。泰顺的道士是“火居道士”，可以娶妻，可以生子，平时务农，到了每年农历七月、十月，是做法事的几个“旺季”，就出去做事。他的主业是务农，副职是做法事，没有专职道士。

❸

黄：然后就顺着这条脉络一路下来了？

祁：对，道士有活动就提前跟我讲，讲了我就来，就这样跑了四五年，周边很多村子都跑了一遍。因为每次都来，大家看你眼熟，也都知道你在干吗，拿着DV，记笔记，拍照片。我给他们摄影，洗照片分享给他们。慢慢地，不能说变成了本地人，但至少对本地生活有参与感。

黄：当时从上海怎么过来？

祁：先到上海南站，有一班夜火车，晚上9点半上车，早上5点到温州站。温州站出来再坐公交车，四站路左右到客运中心，再坐6点半的第一趟中巴车到泰顺。八九点，就可以到泰顺下面的乡村。白天在村子里忙完，晚上7点从温州回去，第二天早上6点到上海。

那时没有动车，只能夜里赶路，白天做调研，拍文献，拍素材，拍仪式，然后带回去做笔记。那段时间基本上不怎么在上海，不是在往这边跑的路上，就是在这边。

黄：后来把这个写成博士论文了吗？

祁：没有，博士论文是写福建的地域开发，按照谭（其骧）先生的理论去做。答辩的时候，所里一位老师夸我聪明就是这个原因，觉得我眼光好。但他骂我懒，没花功夫去找资料。他骂的是对的，那时我确实没花时间。

黄：因为你心思在这边。

祁：对，一边要做道教，一边还要兼顾博士论文，长此以往，两个都做不好，所以后来基本上有段时间“放弃”了历史地理这个行当。

黄：一直跑这边，是因此成了你的兴趣爱好，还是单纯觉得学术上有价值？

祁：探索新的世界嘛，有一种差异性的体验，很着迷。那年夏天在梅州的考察，就是教我们一套历史人类学的方法：看族谱，读碑刻，用这个发掘历史，解释历史。历史人类学强调从普通人的底层视角去看人的生活，从人类的生活经验去理解历史的逻辑，从基层去看上层的存在。如果走到人的生活中去理解这些，比单纯看报道或者写论文，更有说服力。如果你对人的生活不了解，那你对人的历史就无从谈起。

那时比较少有人用道教资料做历史研究，所以我以这个为目标，也花了时间精力去读。其实不好读，因为要读懂民间道教资料，就要懂得经典道教资料，还要知道相关的地方知识、神明谱系。要认识很多神，而且在乡下要看得出来谁是什么神，因为道士跟你交流的时候，他默认为你是知道的。

黄：道士们对你，抱着怎样的态度和情感？

祁：一开始，在他看来，我是没有知识的。为什么要听我的提问？这对他来讲，是浪费时间。那就用很简单的方法，你就看嘛，看什么是什么，想问什么就问什么。

然后，你会发现一种知识的尴尬：对看到的东西，我不会描述，不会提问。只能逼着自己好好学，不是从书本学，是从他们的知识体系里去掌握他们的文化。这个过程很难，需要有人，有机会，让你能进入他们的世界。进去之后，有一个或者几个点，让他们跟你有了共鸣后，才能回应你。

真正打开他们的世界，我记得是有一次，那位和我父亲同龄的道士师父讲了个地名。你知道我们对地名很敏感的，那个师父很好奇：“这个地名你知道？”我说知道啊，是谁谁谁的老家。他说：“你去过吗？”我说：“没有。”“你想去吗？”我说：“想。”他说：“那我带你去。”我说：“好的。”

那是2008年6月，很热，早上8点50分，我和他吃完早饭就从家里往外跑。我不知道那一路有多远，没有概念，他半开玩笑半认真地说：“你今天要吃苦了，我们要走十二千米。”我说，只要能学到东西，吃点苦正常的。

那天路上聊了很多，包括道教以外的东西，儿子跟他的关系，儿媳妇跟儿子的感情……聊了很多私人领域的话题。我后来才意识到，他跟我聊这些，是因为他对他儿子的成长有很大的好奇，想看看同龄人的一些想法。

走到快一半的时候，已经过了午饭的饭点。他说，中午吃饭怎么办？我说我没有做好预备。“我们到村子里随便找一家吃。”我说“好的”。

他带着我到岩头村，随便敲开一户老百姓家的门。主家很客气，很不好意思地说，没什么像样的饭菜，就把中午的剩饭热了热，让我们简单吃了个饭。他很主动地帮我跟主家问：“这个村有没有族谱？”他知道我喜欢看这些东西。主家拿来族谱，我一边看，一边记，一边提问。后来我听他用方言讲，这个小孩子对这边还是很有兴趣的，而且头脑很好，那是我第一次听他夸我。后来他说，我以后来，就直接找他，他可以帮我找族谱或者其他东西，都可以。

下午1点半左右，我们吃过饭就继续往目的地进发。途中，我问他为什么今天这么开心。他说，感觉今天他的收获比较大。我说我也有很大收获。他说：“你收获的是工作，我这是纯粹过日子。”

那次跟他走完全程后，我整个人就被这里吸引了。

4

黄：具体的研究又要怎么展开呢？

祁：最初来时，对这里没有特别详细的了解，就回所（复旦历史地理研究）里去找了高比例尺的地图。我的主要田野点在筱村，就天天对着地图标地名，把那张地图完全记在脑子里了，才敢下来。要不然他们跟我讲那些地方，我连东南西北都不知道。

后来，为了读懂道士的本子，我看了大量宗教的东西。所里的老师觉得我不务正业，我承认，我确实没有看这个地理、那个地理。我印象很深刻，记得那时去文图（文科图书室）一楼阅览室看英文著作，对我影响最大的那本书是戴安德（Anatoly Detwyler）写的《北宋社会的超自然力》。我要去理解那些东西，理解人家怎么建构仪式，才能对付那些文本。

读完后，我写了大量的札记，然后再回来和道士师父探讨。这个地方我觉得他们不对，我的理由是什么？因为跟经典记载有出入。而他为什么这样记？大概这样两轮交锋之后，那些道士可能觉得我应该是个打引号的“行家”，其实不是。但是就这样，从文本开始解读，然后有了反馈、回声，再反馈、再回声，开始半路去做宗教。

后来从泰顺道教的科本里，我做的第一个研究是关于“四邻地主”，借玉溪两岸的村庙系统，探讨地方神明谱系和村落空间的关系。历史地理讲基层政区，“县”以下有“乡长”，即

“乡都里甲”这个系统。我们看方志，也知道“都甲”的范围，但那是一个大范围，涵盖几个聚落。它的具体边界是怎么划分的，我们不知道。在以前，“都甲”这个层面，没人做类似研究，至少没人从道教科本的角度去发现这套乡土社会的治理体系。

我把这个写出来，发表在2010年的《历史地理》上。当时这个研究得到所里朱海滨老师的评价，我很开心。想想看，我对这些东西的解读，在这边得到道士的回应，在所里得到老师的肯定，这给我很大的动力。但我知道这个很难做，道教的科本里，稀奇古怪的太多了。类似的过程，把它处理完，再写出来，周期很长，很多人不理解为什么我这么多年都没发表文章。要知道，从业余到专业的过程中，要自学的东西很多。

四年之后，我发表了第二篇关于泰顺道教的文章，是讲仪式的。这边年轻的孩子，十二三岁就去学道士，经过大概为期三年的学习后，会习得一些基本的项目，有笔墨，有口唱，还有身形、台表。学有所成后，不是要出师嘛，又有一个仪式。这个仪式有两个功能，第一个是考察你三年学习所得，透过一系列仪式设置，让你独立或者合作完成。做完后，给你一个类似于毕业证的东西，他们叫职牒。

后来，文章在川大道教所的《宗教学研究》上发表了，我独立发表的，没有找过任何人，当时也不认识这个圈子里的人。发表后，当时给我很大的鼓励，我这种外行的研究，得到了业内的肯定。

很巧，那年4月刊出文章来的，不到半年，又被《人大复印资料》转载。那一年让我觉得自己可以了，稳了，可以按照之前的模式去做了。

黄：发了文章，也算有个交代。

祁：很多人不理解，说你好好的历史地理研究不做，怎么突然跑到那边去了？但没人知道我花了三年时间才完成转型的痛苦过程，我记不住那些神仙道号的名字，太长、太像了，什么太上三五都功经籙……但生生地把这些知识啃下来了。

我们因为学历史，文献上比较擅长一点。后来我出去参加宗教学的会，人家说你学术训练很好，有文献功底，有历史学的意识，还有历史地理的观念。可能对传统学宗教的人来讲，这些是他们不重视也不注意的。我这种野狐禅的三脚猫，能受到专业内的一些肯定，还是蛮开心的，后来就按照这种路数做下来。

这种路数不是我自己如何高明，很简单，道士把东西给你了，他已经做完他该做的工作，剩下的就是我把他的解读转译过来，还要接受知识经验体系，包括道教文献体系的检验，才能知道这套科本、仪式，与古代的联系，与其他地方的比较，它自己的历史坐标和学术价值。

我从来不觉得自己有什么研究，我只是一个“翻译官”，一个带有所谓discovery（发现）眼光的“翻译官”，就像以前那些博物学家，跑到一个岛上去采集标本，然后做切片分析，给博物学提供新的样本。而这些样本，可能为理

◆ 龙凤宫、水尾宫、马仙宫、迎福宫、白马庙、社祠……这些承载地方信仰体系的大小空间，是祁刚进入泰顺的一个个关键节点。历史学者科大卫曾说：“在庙里，神像好像在问我：‘你认为我在这里是干吗的？’我对它们的回应是：‘那么我又在这里干吗呢？’我好像一辈子都在回答这两个问题。”祁刚的讲述，也是在回答这两个问题。摄影/祁刚

解大的类别体系提供一些基本经验。这是我的工作。我也从来不觉得自己要填补什么学术空白，而是填补我自己内心和情理上的空白。

我其实不太愿意写论文，现在论文的整个体系越来越功利，发表体系越来越指标化。我也不太愿意去学那些公共读物的东西，从来没有奢望别人会理解我。我也不想使我的田野点过度暴露在公共视野之下。从学术伦理来讲，这些都是我的顾忌。

厦大的老师说，一个人能跑田野的时间，从博士阶段开始算起，到你退休，正好四十年。最黄金的十年是在第二个十年，那时你的经验开始累积，机会不断呈现，研究动向不断出新，如果能跟这三者都搭上，大概可以有更为辉煌的第三个十年。比起被人知道，被人理解，我现在更珍惜田野上的时间。

当然，我愿意分享一些经验，比方通过口头的方式。但对我来讲，我最看重的，一个是老师们的评价，他们认为你没浪费时间，做得还挺有意思；一个是我在乡下的这些老朋友，他们觉得我在这里帮助谁了，至少能让泰顺被更多人知道，或者发掘了他们看不到的东西。还是那句话，我只是一个转介、翻译。某种意义上，是他们启发了我的研究。而我，只不过把他们带到他们日常生活掩盖之下的历史中，这就是历史人类学做的工作。

5

黄：道教仪式在乡间，是怎样一幅场景？

祁：举个例子，在成都，有很多茶馆，通过聊天，你的聊天、我的聊天，不同的话题，可以把知识经验传达给彼此，那是没有障碍的，只要你会说话，你可以听，就可以了。但在乡下，老百姓怎么知道是非对错，怎么知道正确的价值伦理？

只有两种方式。第一个，看戏，通过戏曲学习。所以在乡下演戏，是有意识形态环节的。另一个，就是看这些道教仪式。坛场的环境布置，是营造一种氛围和场景，让人产生向上的精神追求。另外，道士唱的经，大部分来自民间文化的题材，比方二十四孝、孔子的故事，也是在宣扬教化。很多人觉得道教迷信，不是的，仪式里讲的都是正向的东西，不然，道教不可能存在中国传统的生活、文化中。

一个普通人，到泰顺的乡间去看那些道教仪式，会看到五颜六色的彩纸，上面写满文字，挂满神像，你会听到乐器的声音，也会听到道士唱念的声音……色彩、文字、声音，这些建构了一个系统，让那些没有识字能力的老百姓感受到知识的力量。

有时候，看到老百姓看得津津有味，我想他们一定能够领会到经忏里一些核心的要义，比如做好人好事，常修功德。这些看似老生常谈的东西，对人的心理暗示是很大的。道教能在民间存在，不是因为它的超自然力，是因为它能通过一番现实的导引，让每个人在那个场域中，听到、感受到内心真实的东西。

黄：跑了这么多年，你会跟他们共情于这个场景吗？

祁：会啊，如果我是一个在台上的道士，一定要看到下面的反应。如果我是边上的旁观者，一定要知道我在干吗。通过这种中心到边缘的互动，你才知道整个场域中的关系。

每次正式启坛做法，那个鼓一响，所有人都会凝神静气。泰顺的道士是不带鼓的，如果你到四川去看，有一个很庞大的乐班，七八个人，扬琴、胡琴、月琴、笛、镲、鼓……泰顺本地道士没有乐班，所以很麻烦的是，很多地方需要乐场，就要有人帮忙。然后你就会发现，很多老人很厉害，一个当地老百姓，“我来！”叼着一根烟，跷着二郎腿，若无其事地敲起鼓来。他所有的鼓点，跟师父的唱点，严丝合缝。我第一次看了之后很惊奇，问先生：是你带来的吗？他说不是，就是本地人。是东家吗？不是啊，纯粹帮忙的。他怎么能做到这样子？因为从小看到大。两个人，一个在那边唱经，一个在这边抽着烟、跷着二郎腿敲鼓。每个地方都有这样的老先生能够入心、入耳，他就算打瞌睡，都能敲到鼓点上。

黄：他们完全在同一个时空中。

祁：我把它称为“默契”，这种默契不是配合，是大家有共同的阅读和体验，所以能形成共鸣。在那种看似混沌的环境下，所有秩序都在有条不紊地进行，所有人都在有条不紊地向中心前进。这一套仪式，什么人在什么位置，什么时候出现什么情况，大家都清楚。你说有人教？没人教啊！就像在学校里，老师说齐声读，大家都知道该怎么做。

黄：一个人的一生，一家人一年的生活，都有哪些时刻需要这些仪式？

祁：很多。比方三口之家，一个父亲，一个母亲，一个孩子，孩子从生下来就要“过关”，不管男孩女孩，尤其是女孩子，第一个本命年，第一次来月信，月信会出现很多状况……现在从医学角度讲，这些很平常，可是以前没有这些概念，而且医药费很贵，通过这些仪式，把一个年轻女子的正常生活建立起来。

比如母亲，怀孕时会有各种意外，道士会替她做所谓的保胎、安胎，其实没有任何医学证据，但从心理上讲，他会让你觉得孩子得到神灵的护持。

比如父亲，他出去谋生，不管是给人盖房子做木工，还是上山打猎，所有衣食住行中会经历到的疾病、意外，都需要这样一套体系来支撑。比方上山打猎有猎神咒——猎神咒不是让你百发百中，不是。它是告诉你，什么该打，什么不该打，比如春天不能打怀胎的动物等。念完猎神咒，你会觉得很灵，因为你知道有些基本原则应该牢记在心。

很多人讲，西南的猎人很有生态观，其实你去听他们原始的叙事史诗，包括藏区的《格萨尔王传》，西南的创世传说，都在讲这个，只不过现在放在道教的经忏里来讲。

“忏”，就是让你避免因为发生错误行为而

◆ 这是父子两代道士，也是祁刚在玉溪流域的两位重要“报告人”。因为一些美妙而无法解释的机缘，他们之间建立起了一种超越研究者和报告人的关系，几近家人。摄影/祁刚产生内心的后悔，所以在做一些涉及危险的行业前，要给自己提个醒。谁给你提醒？神给你提这个醒，你心里才把它当回事。上山前，告诉你别人的风水不能坏，鸟兽之境不能乱踩，也不能伤及幼苗……道教里说，“莫要苛风骂雨”，就是不要怨天尤人，要从内在的原因来警醒自己。

所以你看，一个三口之家，从小到大，从生到老，都有一系列人生规训。我看的第一本道教书叫《金科疏本》，是所有当地人遇到难题的一个解题本：女孩子血崩怎么办？男孩子突然发癫怎么办？都是一些意外情况的处理。道教在人的生活中，是避免意外的重要方式，也能帮助整个聚落、村庄建立起公共秩序。所以一般的村庄，每隔几年——短则两三年，长则五到十年——就要打醮，打醮的目的，是提醒所有人遵守本地秩序，尊重本地环境，保太平。这叫清醮。“清”，是上界三清的“清”，还有“清洁”的意思。所以道教对于人的具体生活有没有指导意义？有。

黄：这不就是一套完整的生命教育体系吗？

祁：是啊。鲁迅讲，道教是中国人的根底，从一个人的生活到一群人的生活，到更多数人的生活，它确实能帮你支撑起一套规范，一种信念。

6

黄：昨天你和我们一起第一次见到雅阳那些老先生，今天就单独请你去，在田野上和大家建立起这样的关系，让人羡慕。

祁：跟那些老先生一见如故，今天又认识一位在当地很有声望的老先生，我和他之前应该有过交集，现在聊起来并不陌生，也有很多共鸣，大家有一些共同的想法。后面应该还会再跑这一片。

我跟老先生说，在泰顺，很多年没有遇到一个对谈这么酣畅的人，他很舒服，我也很舒服。他的开心，是觉得被人理解和懂得。而我，是觉得这么多年的人情有了回响——不是我们讲的那种人情，是本地人心的积极回应。我刚来的那几年，那些老先生都很纯朴，虽然没什么学校的教育经历，但很多人都有一种君子风范，知书达礼，特别是“礼”。这几年，可能来自外面的刺激比较多，很多人没有传统的规训，很多东西都变味了。我一开始不接受，并不是我抗拒，只是觉得，它跟我以前看到的不一样。今天这位老先生讲的很多东西，跟我的想法是一样的，我不能说变成一个顽固的老古董，但不管做研究，还是对于地方的感情，我希望它能原原本本地保存并留下去，而不是给后人看一堆荒诞的东西。

下午本来很早就可以回来，我是4点10分结束的，他们说，吃个便饭再回去。我一再推托，他说：“你既然临时决定，我们也临时安排个饭。”很简单，四菜一汤，一点零食，就这样吃了一顿饭。

这是我为数不多的很开心的一个下午，你会感受到自己的知识经验在本地的回响，会产生春风拂面的感觉。

那位很有声望的老先生，今年六十五岁，另外几位，都在五十岁上下，算是两代人。在文化传承的序列上，他们有意识地让每一代都确保有一个人从事这样的工作和研究，保证本地的宗族、村庄、寺庙、风俗传统，能够有序地延续下去。

中国人那种稳定性，不是上面安排的，是自然而然地，会有本地精英来倡导社区文化。最根本来讲，还是要有人。一个人成功，并不代表你会永远成功，或者在任何领域都成功。一个人失意，也不代表他就不能成功。有位季老师，他本来在杭州做水产生意，做得不太好。但回到本乡后，他可以做很多事情，可以把本地的知识经验转移、保留、延续，总比他在外面卖鱼卖得很成功，回到家里却什么都不知道要好得多。

在饭桌上，我说我现在这段研究很有意义。十几年前看到的东西，我记下来，做了学术整理，也发表了，别人都会知道以前泰顺的道教是什么样子，有最基本的结构，最工整的状态，最完整的遗存，而不是像现在这样偷梁换柱，或者剪辑式地拼凑。看到他，觉得还有必要继续往下做，做得更加饱满一点，不单单是“礼”的问题，还有“情”的成分。

就像有人给我们贴的标签，什么“历史人类学派”或者“华南学派”，我们就是这样，讲究普通人的经验和视角。关注一个普通人的生活，可能比研究一代皇帝更有意义。

黄：这种价值观是你天然有之，还是后来学习的影响？

祁：就是那年夏天在梅州考察带来的影响。一些从大城市来的学生，觉得乡下很破，乡下很脏，那些老人满嘴黄牙……你首先要把自己那些优越感去掉。我从小也长在城市里，父亲插过队，中学的时候，他带我去他插队的地方。他有一个本领，我当时不理解，也不喜欢，他能跟那些老乡打成一片，尽管他插队回城已经二三十年，但跟那些老乡还是一见如故，还能聊起当年的青春往事。我妈觉得我爸自来熟，其实不是，他甚至是一个有点木讷的人，但他在自己的记忆世界里，是鲜活的，只是那时我不能体会，不能理解。

记得1992年的夏天，他带我去兴化里下河地区——也是他插队的乡村——过暑假。在河边，他带我下去摸鱼，摸虾，采菱角，还遇到水蛇。那是记忆里，我们父子俩最生动的场景。后来在筱村这一带，那位道士师父带我一起出去跑田野时，脑海里就是我和父亲在河边的场景。人家讲，做田野调查，最好是和当地人变成家人。那位师父确实也把我当孩子教，他儿子和我同龄，所以有一种共鸣。

做博士后时，导师对我说，要养成一种最基本的观念：普通人、日常生活，以及人与人的平等。现在整个社会都强调精英化那一套东西，可我觉得，精英化并不代表不平等。在乡村，他们是地方的精英，我们也只是学校里教出来的一些学生而已。这两种体系对话，没有必要排斥一种而保留另一种。在这个地方，你能体会到他们也很想了解你的学科、专业、研究动向。有的时候，双方彼此理解，哈哈一笑，是很有意思的。

从那个时候开始，我基本上接受了这种方法：从生活里去理解人，从理解人的过程中看历史。历史从来不是帝王将相，也不是才子佳人。历史是什么？历史是无数个个体的整体观，是这些个体经验的、综合的一种常识。这也让我重新认识了历史，进而认识到空间和空间对人的影响。

念博士期间，所里的满老师在做一篇文章，《小流域的历史地理》。当时想，我这个也是小流域。但你要说服所有人，让别人觉得你做的是历史地理。他们不大理解什么田野调查、口述、访问、族谱，觉得你这个也不算文化地理。如果按学科分类，我哪科都搁不进去。但我知道，我在这个地方做的东西，其实是一种学习，这种学习比纯粹的精英教育更重要。

某种意义上，我有时候是反智的，特别不喜欢那种学院教育的强迫性。而在这个地方，我是自由的，包括个人性格的形成、知识体系的建立、跟人沟通的能力，都是在这个阶段形成的。所以工作之后，我还保持着每个月到泰顺来一次的田野强度，每次下来的感觉，我特别喜欢用一个英文词——escape来形容，逃离朝九晚五的生活，逃离大都市的地铁、公交车，坐上夜班火车或者巴士，路边都是呼呼的风声，你会消失在夜色当中。早晨醒来，你会回到自己的田野，太阳升起的时候，你会感到这就是一片充满希望的田野。每次都有一些意想不到的收获，很让人着迷。

黄：听起来也很迷人呀，一种久违了的，早期旅行的探索感。

祁：今天有人问我，是不是有一个常居地。我说要看怎么定义常居地，满三十天叫常居，还是满五十天？如果这样的话，我没有常居地。我在温州工作，但是清明、端午、五一……一到这样的假期就回泰州。父母年纪大了，希望我多回家。这期间，杭州、苏州、无锡、上海、南京，都会跑。但一些地方，像上海，你也知道，武川路变化很大，大学里变化也大，会有一种茫然感——我曾经在那儿待过，但那个地方不属于我。

在这种游荡经验的拷问之下，你不得不面对一个问题：我到泰顺来，一遍遍来，会不会觉得腻？当然不会。在这边，我不会有面对熟悉环境的陌生拷问，除非我出了问题，或者那个人出了问题，他不在了，这样，我的知识经验会大半坍塌。可如果有新的人进来，我还是能把那个世界撑起来。

2019年7月，一个很好的报告人，突发脑出血，一下午就“过背”了。那年我父亲年头过世，这位老先生年中过世，对我打击很大。特别是这位老先生过世后，我基本上没办法开始正常的田野调查。我们的田野调查其实很脆弱，需要一个有熟识经验的人给你形成一套辅助系统，就跟打游戏一样，如果这样的辅助没有了，就很难撒开。

一个很好的“报告人”很难得，他的本地知识、经验，会给你提供在本地社会延展的无限可能，让你抵达很多想象不到的场景。

黄：“报告人”是人类学的专有名词，他会怎么带你进入不同的场景？

祁：比方，我今天到他家，他说我中午不在家吃，一个亲戚家有小孩满月，你一起来，吃完我们再去干吗干吗。好，去了以后，人家问这是谁。他说这是谁谁谁，对我们泰顺很有研究。做什么研究？他说我做这个那个研究。人家就说：“我那个村子很厉害的，你要不要去看一下？”在这样的场景下，三言两语，人家就给你打开一扇门。

他带我到这种人情场合里去喝酒、吃饭、聊天，闲聊的时候，其他人会给你介绍各种线索，因为每一户人家都有这种需求，都会去找先生（他们叫道士“先生”）做法事。你要在人情中去理解这些，然后不断拓展人情。所以，后来从这个村到隔壁村，从隔壁村又到隔壁村，每次下来，几天的行程，就是随机应变，不断调整自己的地方适应性和文化适应性，慢慢形成一套在泰顺的生活经验。

后来，我形成了一套自己的素描，就是让别人知道我是谁，我是干吗的。我从来不跟他们讲那套很官方、很学术的东西，从来不。我就问：“你们村里有没有请神的？”他们会很鄙夷地说：“这种东西有什么好看的？不好看！”我就用他们的话语讲：“这是很重要的文化，是很重要的非遗。”哦？你还觉得有意思？那带你去看看。

现在四五十岁的人，他们以前是不信这些东西的，他们知道什么叫讲科学、反迷信，也知道什么是经济效益，所以对道士是瞧不上的。但那些六七十岁的老先生，把这些道士叫“先生”，认为他们都是有文化，有知识的。如果你想学，那些老先生很愿意为你带路，帮你做向导。如果你跟那批四五十岁的人讲，道士是有文化的，他们一定会嗤之以鼻，因为那些先生都没上过学。所以有时候不需要跟他们解释太多，需要让他们产生共鸣的，就是本地的文化。

这样的工作做起来很累，一天碰见七八个人，跟他们讲七八遍，真正能听懂的可能只有一个。但就是这样，慢慢形成了一个像波浪一样扩散的过程，我的田野点从东垟村到达新楼村，又从新楼到达坑边，从坑边到达竹园……就这么不断散开。

慢慢地，我在这里也有了两套体系，一套是这个地方的老人给我的，一套是这位先生，我的道士合作者给我的。他是一个胸怀宽广的人，在他身上，能感受到神职人员与生俱来的独特魅力。

7

黄：人类学常讲到“文化震撼”，用来描述最初进入一个不同的文化世界里时受到的冲击。你讲到“文化适应”和“地方适应”，这是一种怎样的感

◆ 新楼村一间佛教寺院里的匾额和梁上的墨书。这一带，神庙里处处都写着这一类墨书，这是外来人也许看不懂，但当地人很看重的内容。墨书上所记，有捐助人、建造者，有他们关心的种种“地方新闻”。摄影/曹曈受和经验？

祁：其实你这两天已经体会到了，他们的方言里有很多名词，你问他这是什么时，我在笑你。我不会取笑你，只是那个过程，他们正在讲讲讲，突然，你问这个词是什么意思，当你讲出那个词时，就已经破防了，他们也不知道怎么跟你解释。因为很多方言词汇跟普通话的对译，是要你去完成的，不是他们。

我早几年做研究的时候，到道士师父家里吃饭，肯定是人家吃什么我吃什么，多一张嘴其实就多一点负担。我们也很有数，比方我按照一天四十块钱的标准给他记，来一个礼拜，给他两百块钱。钱不是最重要的，重要的是，你知道人家的为难之处，还能够有所反应。

记得刚到道士家里时，他家真的条件很差，外面看着是栋楼，里面都是杂物间。我一来，他坚决不让走，你要想到，晚上睡到那个杂物间会看到老鼠，你住还是不住？

黄：只能住啊。

祁：对。住完之后，身上到处都是虫子咬的，你能不能喊？不能。只能装着若无其事。我在这个地方被咬得得虫咬性皮炎，只能回上海去看。下一次来，只能悄悄把药带回来，还是若无其事。这些被虫咬、被老鼠陪伴的一个个长夜，你没法讲，他们都不知道。

再讲个事情给你听。一开始到道士家里的时候，他家真是穷啊，穷到……

黄：道士穷是少数现象还是普遍状况？

祁：相对于当时的大多数人来讲，他的条件是不好的，所以才要去做这些别人认为来钱快、来钱容易的行业，但其实不容易的。

那是春天，笋子刚刚出来，一日三顿都吃笋，炒笋、腌笋、闷笋、炖笋。后来回到城里，朋友问我怎么样，我说当了六天熊猫，我只能这么开玩笑自嘲。

这些事情，你要体会到他们的心意，才能调整好自己的位置。我跟他是研究与被研究的关系，但这只是一个工作关系，一天二十四小时，不可能全是工作关系。如何在工作关系以外的私人交往上，建立起初步的联系和基本的规范，这要适应吧？也就是说，我如何从一个外人变成本地人，如何从一个门外人变成门内人，如何从一个陌生人变成所谓的熟人。在任何一个地方都是这样，不单单在泰顺，也不单单在这个行业。

地方性跟文化性是普世的，没有什么独特的奥义，只不过在这个行业、在这个地方，道士对于很多人情，一眼就知道了。在被人用放大镜去观察的时候，我要循规蹈矩，忠实于自我。

黄：人类学者是一种多么美妙的职业呀，到一个陌生之地，和一群人建立起这样的交往和联系。而你在泰顺，和一群道士，一群老人，有了类似师徒、父子，但更像忘年交和知音的关系。

祁：我采访的那些老人，如果还在世的话，很多现在应该一百多岁了。我有个通信簿，上面记着老人们给我留的联系方式。我会记下他当时多大年纪，后面再回来，有的不在了，我回去后就把他的卒年加上。

在这边遇到很多喜欢我的老人。2018年10月，一个道士朋友做了个仪式，有点像他们内部的答辩会，也请我来。那个仪式两天三夜，我全程看了。

其中有位老先生，七十八岁左右，他很开心，说做了一辈子道士，有些东西以前丢了，这次的仪式上能补起来。

他是我那个道士师父的师兄，对我说："我听过你名字很多年，以后去我家玩。"后来，他通过师侄给我打电话，让我去他家。我说农历十月如果有什么法事，我去你家拜访。结果，这话讲完十几天，他在村子里走路时，被车撞了，三天就"过背"了。

普通人去世后就是入殓、装棺、发丧，道士去世后，有个环节叫"归班"，意思是，当年你从（张）天师那边取得"从业资格证"，从业以来，你做的大小法事里，有多少好事、多少坏事，现在要做个考核，根据考核成果，给你定一个级别，是进入神级，还是只能当一个孤魂。如果作恶的话，要受惩罚。他"过背"前叮嘱，让师侄把归班仪式上的很多资料拍给我，他说这个东西我以后应该看不到了……他在生命的最后几天里，还想着跟我的约定。

后来我看到整个归班仪式的影像，看到他的遗容时，很伤心。之前我给他拍过照片，他穿着道袍，真是很帅，很威风，笑得也灿烂，那是他最喜欢的一张照片。

筱村有位叶大姐，她父亲在世时和我关系很深。父亲的故事也很精彩，但是，生不逢时。她父亲很小的时候就和她爷爷学做道士，但等他长成时，不让搞"封建迷信"了。"文化大革命"结束，他已经快七十了，想重操旧业，体力不行了，一箱子宝贝，就等着烂掉。

见到我时，老人家很激动，觉得一辈子没人和他聊过天，后来我每次来都去他们家。他人很好，但不太会讲普通话，就请我坐在堂屋里，一句话不说，看着我笑。我说看什么，他就拿什么给我。有一次在他家吃饭，他女婿烧的饭菜。我们喝完酒，他说，把老东西拿给你看一下。然后，他爷爷的家当全部给我看了一遍！是这样知道了他家历史，上下八代都是道士！

筱村前面那条路，以前全是土路，那时觉得很脏，后来觉得很香，一种泥土的清香。那一带的几个村子，比如枫林，我在很多人家都吃过饭，都是随便吃的。现在走上那条路，就会很感慨。

黄：把这些都写下来吧。

祁：在泰顺这么多年，田野里有很多故事。我那些笔记都在，一本都没扔，但现在还不敢，也不想动笔。我知道你的意思，但这些记在心里的故事，有很深的情感，有时候不愿意跟别人分享。以前跟我一起做田野调查的那个老人，就是突然脑出血去世的那位，什么都没留下，有很多遗憾。

我最近在改书稿，书里很多地方都是他带我去找的，包括照片，也是他带我去拍的。这

◆ 有两年时间，复旦大学吴松弟和上海交大刘杰两位老师，频繁地带着外国学者来泰顺考察，也是因为这个机缘，祁刚得以和泰顺相遇。（上图）供图／祁刚

◆ 在玉溪流域一个村子里邂逅这两位老人，这可能是他们一生中唯一的照片。（中图）摄影／祁刚

◆ 刚到泰顺时的祁刚，还是少年模样，那时的他肯定没想到，会在这里一走这么多年。（下图）供图／祁刚

本书如果出版，后记里我会写一段关于他的文字。我们做学术工作，不能在文字里表现太多个人情感，但作为私人领域的交往，对很多老先生，我满怀敬意和怀念。以前跟他们跑田野，在乡下，一趟路，六七千米都走过，一起喝酒，一起聊天。

去年大家都“阳”了，我在家看电影，《寻梦环游记》，英文名叫*Remember Me*。那部片子看了很多遍，感触最深的是，大概记忆就是对一个人最好的怀念吧。他们每个人都在我的田野笔记里，包括每天帮了我什么——不只是资料性或者工作性的帮助，也包括他们讲的哪句话让我感触很深，很多话后来成为我自己经验的一部分。我成长的很多东西都来自泰顺乡间的这些老人家，泰顺人生性纯朴，你也看到了，而且他们对很多东西很执着，也很纯粹。

❽

黄：泰顺已经跑了十五年了，接下来还要做些什么？扩大田野点？

祁：昨天我们在雅阳吃饭，他们基本上不到罗阳（泰顺县城）去，直接去福鼎。到福鼎，开车往返只要二十分钟，但去罗阳，二十分钟还没走到一半的路。我跟他开玩笑。我说有没有一种可能性，打破省界，你不是泰顺人，也不是福鼎人，你就是山里人。或者说，我既是浙江人，也是福建人。本来很多人在两边都有家。

其实，我的本意是做山区开发的，不是经济开发，或者说，不完全是经济开发。我还是想把移民文化的历史在泰顺积淀的过程，通过山区开发的方式呈现出来。

黄：山区开发的过程，就是移民的过程？

祁：跟移民有很重要的关系。谭先生在《浙江省历代行政区域》的文章里，形成一套经验，就是“母县理论”，即以县的生成作为地域开发的重要指标。我一直在跟谭先生以这个模式对话，后来发现也不完全确切。如果我们认为泰顺南北都是福建人，那是不是认为，泰顺县是从福建分出来的？显然不是。很多人说，瑞安、平阳的两个乡合成泰顺县，可是你又发现它的南北方向基本还是福建人，那怎么按照谭先生的理论来对话呢？

从政区设置来看，设县，是移民不断累积的过程。但移民有开发动力的问题，还有开发成果的问题，这个县怎么根据开发成果来进行认定？

但是通过这个方法，可以从道教里去看那些神是怎么进入他们生活中的，比方猎神、龙神、山神，就是他们对山的认识。那是传统时代人们对环境，尤其是对山区环境的认知和感受，其实比我们想象的要强。这些移民可以很便捷地穿过山脉，成为福建的一部分，又能走过来，成为泰顺的一部分。

黄：别的地方也到处都有山，也一直有移民啊，比如四川。

祁：这是没有问题的。问题是，在这里，山的一半是浙江，一半是福建；一半是陆地，一半是海洋。四川不会是这样。有个日本学者，山田贤，写过《移民的秩序——清代四川地域社会史研究》，这个问题他讲得很清楚。不同时代的清代移民到了四川以后，怎样形成移民社会的新客与老主。

但泰顺没有什么本地土著的问题，每个人都是移民，都是新人，有先来后到之分，但没有身份意识上所谓“泰顺人”跟“新泰顺人”之分。它跟上海不一样，上海的早期移民是“上海人”，后来叫“新上海人”，在一个小空间里争夺资源，他们会划分彼此。

黄：这里早来的和晚来的不这么分吗？

祁：他们分不出来，泰顺的每个家族到他那一代都有几百年。

黄：比如有1200年的包姓，有800年的吴姓，800年的不就是晚来的？

祁：对，但早来和晚来的没有区别。

黄：怎么会没有区别？早来的拥有更多土地，晚来的就要抢他的。

祁：你的理解是对的，在其他地方也成立，但在泰顺，晚来的未必是弱势。这里没有地域竞争，这就是山区开发一个很突出的面貌。早来的可能在山下平地，晚来的往上走一点，再晚的可能到半山，最后来的到山顶……所以你看泰顺历史，地域之间可能有此消彼长的竞争关系，但从来没有产生过剧烈的族群之争。

在泰顺，我们看不到唐宋时期先进来的大族跟明清时期后进来的大族的冲突，没有。相反，我们看到的是什么？他们都在相互通婚！这些大族基本上连接为姻亲的亲缘共同体，同一族群、同一姓氏，可以不断分化，形成不同支派，所谓同系连枝，可以相互支持，相互配合，然后在各地形成自己的事业。

这种东西，你很难理解它是怎么形成的，但我觉得这是要研究的，当然道教是一个很好的妥协机制。

黄：道教如何妥协？

祁：我前面说到“四邻地主”，就是一个村子四周邻近各处庙宇的地主神明。比如道士到一个地方做法事，要请当地的地主神明作为见证。地主神明往往是每个家族最早的开基祖，就是始迁祖。做法时，道士要把姓吴的开基祖请到，姓林的请到，姓张的也请到，本地三个家族都到齐了，都尊重到了。那些始迁祖成为地主之后，就意味着这些家族对当地有优先开发权，而请地主的过程，就是确权的过程。请了我祖先，就等于认定我们是这里的一份，这就是很好的妥协机制。旁边有三个家族的后代，他们都在听，听你有没有点到他家的先祖；如果没有点到，他会指出来，你漏掉我了。所以那些小道士刚出来做法时，第一次请地主神明时如果丢三落四，会被人打得体无完肤。当然不是暴力的打，是会被老人质疑。

这样一个东西，不单单是经济和动力机制，还要看到成果本身的认定和成果形成的内在社会肌理，我不认为这是一个简单的动作。而且在民间，他们有一套自我的秩序管理，以此类推，最后形成一套王朝统治的基本结构。

❾

黄：你反复说到“礼”，我能从内心理解。但我们这一代，生活经历，所受教育，都和那个充满“礼”的传统相去甚远了，而你还生活在那个体系之中。

祁：我是跟着外婆长大的。小时候我们是大家族，外婆总共生了八个子女，小学开始就在外婆家吃饭，每天中午开饭的时候一大桌子，要讲规矩的。很简单，你喜欢吃的菜，不能放在你面前，夹菜不能只顾自己；拿筷子时手不能指人…… 这些餐桌礼仪，我们从小不知道被打了多少遍。外婆是大家闺秀，各种礼仪，她讲了很多。外公也是这样，很传统的一个人。在他们身边，我从小学一年级一直长到高三，那十几年，很多东西耳濡目染，不需要教的。

黄：但十八岁上大学以后，就进入了另一个并没有这套体系的人群里……

祁：也没有。高三填报志愿时，当时也可以去南京、北京，我们家只有一个规定，去有亲戚的城市。我有亲戚在福建厦门、漳州，还有在（龙岩）永定的，外公强烈建议我去厦门，就去了。去了之后才发现好远，一千三百多千米！

我外公的姑姑还在世，先要去拜访老人家。她很厉害，可以讲客家话、闽南话，可以讲我们的方言，还可以讲上海话，是个语言天才。她讲话时，各种语言随时交叉，我得高度集中。她也给我讲了一套规矩，怎么待人接物，怎么让别人跟你友好地相处——不是我们跟别人友好地相处。她以前做生意的，贩卖烟草到南洋，再换翡翠和大米回来卖，挣了很多钱。也因为这个原因，“文化大革命”时被关到了漳州的土楼里…… 整个家族的故事我从小就知道，所以知道了礼貌和分寸。

黄：这种环境下的孩子，也可能超级叛逆，你还是因为内心深处认可这些吧？

祁：当时她跟我讲，我懂。你说认可，谈不上。至少我有体验过，我觉得这种体验没有什么苦头可言。后来我在跑田野的时候，绝大部分是按照老人家教我的那套去和乡下的老人打交道，他们也认可。

黄：如今你到泰顺来，前后两头的“礼”就连接起来了。

祁：这个我倒没有想得那么直接，但我家里有句话，将心比心。一个老人陪我一个上午，他为什么帮你？除了现实的因素外，你要和他做朋友的话，那是长期的往来，所以心意是相通的。讲起来你可能觉得很堂皇，但事实上就是这样。

我在福建跑田野，跟很多七八十岁的老人喝酒，黄酒，一个晚上三五斤都能喝完。他是在回到他青年时的游戏中去。他有这个想法，想做这件事情，但年轻时要做工，没这个精力，现在年纪大了，精力不济，体力不济，但他有这个心思，又没人帮他做。所以他们被人理解的时候，那种开心，都在酒里面。

黄：听你这一番话，有强烈的共鸣，同时觉得你很幸福。

祁：你讲到“幸福”这个注脚，我可以讲两点。第一，我学的东西是课本上没有的。第二，我学的东西是鲜活的，有生命力的。我不是要那种普世性的理论，不要，我恰恰要每个人在对自己的生活审视时，它所提供的那种无限可能性和解释力。这边这样做，那边那样做，为什么？自有它的道理。

我们在日常经验中也会面临这样的选择，会有共通的感受，并不因为你是教授、博士，他们是农民，而有根本不同，没有的。我在地方没有身份感，做事情也不依赖外在因素的影响，比如我是谁谁谁的学生，而依赖于自己在地方上的不断内省。内省很重要，它让你在这个地方或者在那件事情中，看清自己的倒影，以及你在这个地方光影的延长度，就像光照在椅子上，会不断修正我们自己。

很多时候，对一些专有的概念，比如地理、田野，我们会加一个泛化的名词。其实我们做历史地理研究的“地理”只是一个概念，并不带有具体的方法论。所以以前觉得“地理”都是主义，现在我们都说“田野”，也变成一种主义了，其实田野是一种生活，你不能把自己的生活变成主义吧。

◆ 那天从徐岙底开始，经大翁宫、新楼村、长垟村……最后回到徐岙底，用了整整一天时间。这是祁刚走了十五年的田野，走多久都讲不完那些故事。在新楼村村口，一辆三轮车迎面飞驰而来，路过我们时紧急刹车，朝祁刚喊道："你回来啦？去我家吗？我把钥匙给你？……"她的父亲是祁刚的"报告人"。其中的情感，让人羡慕、感动。摄影/曹曈

◆ 这是十五年来，祁刚第一次带人回访田野，不是为了我们，而是为了他的学生。十五年前，他跟着老师来，直到自己成为老师，带着学生来。作为老师，他想在田野里向学生传递什么呢？除了一些知识、一些方法，我想，还有一份人情吧，一个人与一个地方的情感，与地方上那些人的情感。摄影/曹曈

*私家推荐

（祁刚）

① 玉溪流域：新楼— 东垟上村— 东垟下村— 文重桥— 长垟村— 徐岙底— 枫林村— 竹园村— 岩头村— 文兴桥

虽然泰顺以廊桥闻名，很多廊桥我其实没去过，我来就是工作，我的田野基本在玉溪两岸。玉溪，发源于石柱山，流至筱村一带时，冲出一片山间平地。月光下，河床里的青石在水中晶莹如玉，因而得名。

如果你愿意，可以先到达新楼，走到最里面，去看看那些古代民居，然后顺着玉溪，经过东垟上村、东垟下村、文重桥、长垟村、徐岙底、枫林村、竹园村、岩头村，最后到文兴桥，看看沿途的寺庙、道路、桥梁，都是精华，像徐岙底对面有一座庙，叫大翁宫，是理解这一带的核心点。

这也是当地六月六（“禳神节”）走的线路。禳神是很常见的一种社区仪式传统，以前节日会持续七天，先到哪里，再到哪里，内部有一个秩序和排位，等于谁是头家，谁是二家，你要体会它的内涵结构。我们不是游客，东逛西逛，如果把这一带的上上下下都走一遍，走完之后就会知道，这部分到中线，这部分到终点，上面跟下面有什么区别，就会看到这个结构下的不同世界。一条路线，有时间、空间，但是地域结构、地域秩序，也很重要，好像无意识地漫步，其实都是走在传统社会的秩序里。

我那篇写“四邻地主”的文章，也写到“禳神节”。泰顺就三个大的禳神节，一个在龟湖镇，一个在下洪镇，还有一个就在这里。下洪的禳神节规模比较小，只有四个村参与，龟湖镇应该是七个村，这里规模最大，有八个村参与，条件也最好。

我来做田野调查之前，这里的“禳神节”在“文化大革命”以后就停了；我写完文章后，第二年就恢复了。我那个“报告人”说，如果没有你的研究，我们不可能把它恢复起来。那年的“禳神节”很热闹，六百多号人一起吃饭，摄影师也来拍了很多漂亮的照片。

这个地方的人都知道我，因为他们知道我做这个东西，知道我把这个东西写成了文章，也知道这个东西是可以做的。所以如果我对本地人有什么影响，就是把他们曾经习以为常的传统，提升到一个比较新的高度，他们可以拿这些文本，去和外界连接。

补记：

3月采访完祁刚，4月，他带我们走访了玉溪岸边的几个村子，东垟、长垟、枫林、新楼……这是他十多年来第一次带人回访田野点。那天风和日丽，我们在很多处坐下来吹风，看远山，在微风和远山里听他追忆往事。一段隽永的旅途。中午，他带我们去一位道士家里吃饭，就是2008年6月，带他下田野，和他父亲同龄的那位道士，雷师父。十多年的往来，他们已像父子、叔侄、师徒，更是知音。

11月，雷师父去世，祁刚发来一段文字，希望加进书里，以达哀思，如下：

4月的时候，我们不请自来。雷师父热情接待了我们。时至中午，客随主便一起家常便饭，其乐融融。欢聚人情如昨，世事无常如今。书稿付印在即，2023年11月17日清晨，雷师父羽化登真，溘然仙去，令人悲愕。我写下挽联一副：“道宜长存派衍前山宗风千古事，法锡远昇流传玉水功德百年人”。

泰顺生活方式指南

泰顺辞典[1]

黄菊整理

这些词条，是关于泰顺的关键索引。

1 泰顺地貌

溪 ◆ 翻开泰顺水系分布图，图中尽是这类河名：三插溪、里光溪、左溪、翁溪、司前溪、莒江溪、洪口溪、仙居溪、察溪、白溪、玉溪、双涧溪、西溪、东溪、南溪、雪临溪、横坑溪、仕阳溪、会甲溪、彭溪、寿泰溪……只有“飞云江”以“江”命名。这些听起来就很美妙的名字（文字），和现实中随处可见的山间溪流（实物），构建了一个世外桃源。在这个大的桃花源里，一条条小溪，引向一个个小桃源。

坑 ◆ 山间平地，平地上有小溪，有时直接指溪流，跟随福建移民传来。泰顺地名里有棠坪坑、彩坑、岩坑、两坑、大安坑、石柱坑、北坑、横坑、富山坑、九峰坑、黄坑，均指溪流。

岙 ◆ 两山环抱的平地，多见于浙南、闽北。

漈 ◆ 浙闽一带，称瀑布为“漈”。如果一条条溪流所在是一个个小桃源，垂挂山间的一条条大漈，则像一扇扇推开桃源之门的水帘。唐代顾况著有散文《仙游记》：“温州人李庭等，大历六年，入山斫树，迷不知路，逢见漈水。中有人烟鸡犬之候，寻声渡水，忽到一处，约在瓯闽之间，云古莽然之墟，有好田、泉、竹、果、药，连栋架险，三百余家。四面高山，回还深映。有象耕雁耘，人甚知礼，野鸟名鸲，飞行似鹤。人舍中唯祭得杀，无故不得杀之，杀

[1] 这部分信息主要参考《浙江泰顺历史文化的国际考察与研究》一书，并得到历史学者、这本书的重要作者之一祁刚老师的指导、帮助。

则地震……”这样一个桃花源，便是因为推开漈水之门而得。

岭 ◆“溪”来自山间。多溪，是因为多山。泰顺的山，不是大山，多是中低山，山中多“岭”——三滩岭、状元岭、卢梨岭、大岗岭、筱条岭、库岭、铺基岭、万排岭、石鼓岭、排岭、莲头岭、玉塔岭、交溪岭、叶山岭、杨家岭、卢坑岭……每条岭，几乎都伴随着一条古道。这些俯拾皆是的“岭”，“岭”下纵横交错的古道，曾是泰顺的要道，堪比今天的高速公路。

垟 ◆在闽语中指土地，随着福建移民进入泰顺，“垟”也随处见于泰顺的地名中：包垟、上垟、道均垟、下交垟、葛垟、凤垟、东垟、水车垟、上佛垟、南坑垟、朱垟……依照地名可以想见，落在泰顺群山间的一个个小盆地。

厝 ◆福建方言里，称房屋为“厝”，规模大称“大厝”，年代久远则称“古厝”。这些名词随着福建移民的进入而在泰顺普及开来。

过背

◆温州一带说人去世，常说“过背”。

首事/头人

◆牵头做事的人。诸如廊桥建造等公共事业，都由首事牵头发起并贯彻执行全过程，这不是一个行政职务，是一种口碑和文化认同。

风水先生

◆主要负责活人的世界，比如查勘山势、地形、房屋选址等。

地理先生

◆主要负责死人的部分，比如阴宅（坟墓）的风水。

土地庙

◆祭祀土地的庙宇，主要指向土地的自然象征。

地主宫

◆祭祀每个村子信奉神灵的神龛，指向土地祭祀所有权。

老人会

◆ 浙江、福建一带的乡村，几乎每个村都有老人会。老人会一般由村子里懂文字、能说会写的老人组成，如以前的老支书、老村医、老会计、老教师，以及各姓的族长、房长等。在村子里，老人会是一个存在感比较强的组织，不单是历史存在感，在现实生活中，官派的许多公共事务如果要介入村里，需要他们的知情、同意与支持。老人会多在祠堂、宫庙或文化礼堂里举行活动。

3 “十八大姓”与“始迁祖”

历朝历代的移民组成了今日泰顺的主体。成书于清道光年间的志书《分疆录》，首次提出“十八大姓”的说法，即唐宋时代，前后迁入泰顺的十八大姓：莒冈夏、库村吴、包坑包、包阳包、箬阳毛、池村池、大住左窟方、罗峰董及宋、南阳江、仙居木棉徐、葛垟陶、归仁乡如夹屿大安归岩张、筱村泗溪林、陈阳陈、夹屿章峰蔡、东溪曾、叶屿垟叶、周边周……这是泰顺的十八个“世家巨族”。家族前冠以地名，表示家族在此落地生根，血缘与地缘合一。

每个姓氏第一个迁入的先祖，即始迁祖。泰顺几乎每个村子都有地主宫，地主宫里祀奉的神灵，大多由始迁祖演变而来。

4 家族、家谱与祠堂

家族是泰顺地域社会的第一层次、整个地域社会结构的基础。泰顺家族众多，凡稍有规模和历史的家族，都有以下几个特征。

至少编有一部以上的家谱。

每个家族都有祠堂，有人称，泰顺是“无姓无祠堂，无村无祠堂”——如果一个村子有不同姓氏，则有几个祠堂。祠堂是家族重大活动的主要场所，年年都在此祭祖，一年两次或四次，以农历七月十五中元节的祭祖最为隆重，短则一两天，长则七天七夜。

1949年以前，每个家族都有族长、族田、族学。族长由宗族中有文化、有威信的人担任。族田雇人耕种，所获田租用来支持家族公共活动费用。族学，或称私塾、书院，主要供本家族子弟免费读书，为家族培养学生。

5 单姓村、双姓村与杂姓村

早期移民大多聚族而居，所以泰顺的村庄有很多单姓村，顾名思义，即一个村子只有一个姓氏，只有外嫁过来的女性是其他姓氏。双姓村，即一个村庄有两个大姓。杂姓村，即拥有多个姓氏，各姓在人口中都不占有明显优势，一般是商业发达或在交通要道上的村落。

6 方言与地方神

泰顺全县共有500余处民间信仰活动场所，民间信仰内容丰富，俗神众多，其中要数为民除害医病、扶危解难的“妇幼保护女神”陈十四，以及被赋予“博爱孝顺”寓意的马仙信众最多，其他的还有杨府爷、徐三公、陶二翁、汤夫人等地方神崇拜。

这些地方信仰又与移民和方言有关，大致而言，北部为吴语区，南部为闽语区。具体如下。

◆ 泰顺北境——畲族乡民，和景宁畲族自治县一样，说畲语——多“汤夫人庙”，祀奉来自景宁敕木山的汤氏真仙。

◆ 泰顺南境——以闽南语为主——多“顺天圣母庙”，祀奉来自福建的临水夫人陈十四。

◆ 泰顺西境——以处州（即丽水）方言为主——到处都有“马仙宫”，祀奉来自丽水的马仙姑。

◆ 泰顺中部——以闽东话（即蛮讲话）为主——多“陶二公庙”“徐三公庙”，这是当地特有的神明崇拜。具体内容见下一词条。

7 陶二公

泰顺的民间信仰里，马仙姑、汤夫人、陈十四，都来自外地，但有一些地方神，由传说中的本地人士演变而来，比如陶二公。

“十八大姓”中的“葛垟陶”，在葛垟村繁衍至第五世时，由陶二公率部分族人迁至下洪镇。下洪镇的“门楼底村”是其祖居之地，在村尾水口，陶氏族人围绕着陶二公的神灵建宗祠，造庙宇。其中有一个龙宫，陶二公的神像就供奉在里面。

下洪镇的四个村庄——门楼底、门楼外、南源、道观后（这个村子除陶姓外，也有郑姓），同以“洪村”为名，各自编作洪一（门楼底）、洪二（门楼外）、洪三（南源）、洪四（道观后）。每年农历六月十三陶二公生日时，四个村子各以一陶姓老人为首事，分别请神（陶二公）巡游本村。

整个活动的内容及路线安排如下。

◆ 演剧。请木偶班在宗祠里的戏台演出，六月十三当晚开戏，连演四天，至十六日结束。

◆ 洗身。六月十三当晚，将陶二公神像从龙宫请到陶氏宗祠，移驾之前，由执事者为陶二公洗身。

◆ 出巡。六月十四凌晨，道士在宗祠内做“起马恭”，然后上轿出巡，路线为：宗祠—洪三（六月十四当天在洪三过夜，六月十五上午出发）—洪四（六月十五中午抵达郑氏祠堂）—洪二（六月十五傍晚抵达并过夜）—洪一（六月十六白天）—龙宫（六月十六当晚回宫）。

◆ 队列。队伍中，陶二公是主神，其余还有从神：临水夫人陈十四、龙王、五位大帝、马仙姑。主神在前，从神在后。

8 徐三公

“十八大姓”中有“仙居徐”，即迁入仙居村的徐氏。徐三公，即徐氏后裔徐震。宋代，徐震镇压方腊起义有功，至明嘉靖年间，封为忠训郎，俗称徐三公。

整个泰顺境内都信仰徐三公，但以筱村地区最为流行。筱村有两座“忠训郎庙”，一在徐岙底，一在长垟村，后者俗称“大翁宫”。徐岙底的忠训郎庙历史最悠久，而大翁宫规模最大，由玉溪流域上、中、下游七个村庄共同出资兴建，并成为筱村地区忠训郎信仰的主庙。七个村子分别是：东垟上村、东垟下村、东岙村（即今天的新楼）、长垟村、徐岙底村、柏树底村（即今天的枫林）、岩头村，俗称“玉溪七堡”。近年来，玉溪岸边的北坑村加入，于是有了“玉溪八堡”。

每年农历六月六是徐震生辰，于是，八个村子围绕着徐三公信仰，形成了一种地方特有的民俗活动：六月六绕境游神，即禳神节。每逢这一天，玉溪一带的村民都要到大翁宫祝福圣诞，每个村供一头活猪祭神，并请木偶戏班来演戏酬神。

游神的出巡活动大致如下。

◆ 择期选日。六月初七为破日，初八为吉日，一般在这一天出巡，最迟不超过六月初十。当天出巡的具体时辰，由各村头人占卜问得。出巡结束后，回宫归位的日期也要择期，一般在六月十四、十五、十六这三日中择吉日而定。

◆ 行程路线。长垟·大翁宫—东岙·迎神场（一天）—长垟·祠堂（一天）—东垟·总厅（两天）—徐岙底·石板厝（一天）—岩头·祠堂（一天）—北坑·空地（一天）—柏树底·祠堂（一天）—大翁宫。

◆ 队伍。前部为各村神明，即从神，主要有：龙王、马仙、元帅、仙佛等；后部为主神徐三公。当地认为，徐三公为各村客人，需由各村村庙的主神亲自邀请，故而从神在前，主神在后。出巡中，各村常请道士负责神像的起驾、安位，以及每日的迎请、送往神像。途中，当村民在路边设坛贡献、迎奉神像时，需要先知会道士，由道士在坛前临时做法。

9 百家宴

泰顺各地乡镇每年元宵节都有办宴的传统习俗，尤以三魁镇张宅村“百家宴”最具影响力。从明末开始，张氏族人便开始每年设百家宴，后扩展到其他乡镇。一般而言，百家宴的流程如下。

◆ 选福首。来年或后年的福首当年就需定下。从前福首一年选一次或隔年选一次，有的地方甚至一次选出十年福首。福首以当地举办的村子为主，也不排除邻村人参加。福首人数，十几人、二三十人不等，规模大的地方有四五十人。

福首要在上届百家宴结束的第二天开第一次筹备会，会上选出总福首并集资。从前做福由族田抽出专项田租开支，现在公田没有了，要靠集资。集资分两部分，一部分由参加宴会的人缴纳，缺口部分由福首负担。

第二次会议大多等外出福首年底回家过年时召开，布置具体事宜，预约道士、预约厨师、预租桌凳、预约戏班、采购南北货等都需落实到位。

◆ 福猪。百家宴上供品种类繁多，最重要的是猪头。为了能有一个好猪头，每届福首头一年就要定下一至两户专养祭祀用的猪，称为“福猪”。养猪的农户，当年会得到一份免租的公田（族田），没有公田的地方则由福首提供补贴。领养的农户会请道士画张“神符”贴在猪圈边上，意谓神灵保佑这只福猪无灾无病，日夜长膘。

◆ 福菜。从前福菜大多是自己种植，种福菜的农户也由村里提供公田，不施用人畜粪尿，只能施用干净的草木灰，也不除虫，长多少收多少。

◆ 福酒。酿红酒，要有优质的糯稻，优质的糯稻必须专人种植，由福首或其他人自愿认种，从福事中支出一些钱给予补贴。糯米也不施人畜粪尿和化肥，不喷洒农药，发生病虫害只能用桐油或草药驱除，确保福米干净卫生。

◆ 福糕。即年糕。粳米是做福糕最好的原料，认种的人除了种糯稻，还要种粳稻。粳米不施人畜粪尿，不用农药化肥。

◆ 福柴。早先福事桌数少，只要在农历六七月间到公山砍伐几百斤木柴备用就可以了。如今公山封山育林，加之百家宴规模大了（有的地方要烧一千多桌人的菜），用柴量也大，要五六千斤至一万斤，只好到远处产量多的地方采购或到集市购买。

◆ 接戏神。为了确保当地太平，百家宴前一天，要将一副木偶戏担接过来供奉在祠堂里，百家宴结束后再送回原主。

经过一年的准备，正月十五，乡镇的大街小巷摆满长长的宴席，各地的赴宴者及游客蜂拥而来。在品尝美食的同时，人们也可以看木偶戏表演，还有陈十四娘娘出宫踩街、走马灯、燃放药发木偶等活动，每个环节都非常讲究。以张宅村百家宴的“出宫踩街”为例，每年巡游活动的路线都以溪东桥边的临水宫为起点和终点，大致路线为：临水宫—龟岩路—燕水路—秀水路—魁中路—锦水路—营岗路—燕水路—龟岩路—临水宫。

路线还有方向，若前一年是顺时针方向，次年则是逆时针方向，年复一年，周而复始。

包括百家宴在内的整个元宵节狂欢，一直要持续六天才进入尾声。

10 “泰顺时间”

除了传统乡村的二十四节气，泰顺还有一整套独属于自己的时间。

正月十五，百家宴
二月二，春祭（祖）
三月三，扫墓
三月三，畲族赛歌会
六月六，禳神
七月半，祭祖

泰顺书单

先读书，再行路。

◆《泰顺》，刘杰 撰文，李玉祥 摄影，生活·读书·新知三联书店，2001年3月
◆《库村》，刘杰 撰文，李玉祥 摄影，王琦 绘图，河北教育出版社，2003年1月
◆《行走泰顺》，陈圣格 著，中国戏剧出版社，2006年10月
◆《泰顺药发木偶戏》，陈圣格 著，浙江摄影出版社，2009年6月
◆《浙江泰顺历史文化的国际考察与研究》，吴松弟、刘杰 主编，齐鲁书社，2009年11月
◆《廊桥笔记》，鲁晓敏 著，吴卫平 摄影，广西师范大学出版社，2022年4月
◆《流水辞》，周华诚 著，浙江文艺出版社，2023年1月

旅居泰顺

1 乐游

◆ **寮溪流域**（徒步/行车，徒步最佳）

天马山—桥下—上寮溪—江渡—下寮溪—山交村—仙居溪

泰顺的文脉，流淌在寮溪两岸。全长不过十余千米，最好徒步，随着地势的起伏感受泰顺的山地地貌。更翔实的内容，见赖立位文章，这条线路也因他而获得生命。

◆ **玉溪流域**（徒步）

东垟上村—东垟下村—文重桥—长垟村—徐岙底—枫林村—岩头村—文兴桥

一个历史人类学家，在这条路上走了十五年。走完这条路，就能理解泰顺。玉溪全长十千米左右。具体内容见《一座古村》里，历史学者祁刚的口述。这条线路背后的文化秩序、历史脉络，因为他而被看见。

◆ **东溪流域**（行车+徒步）

泗溪—南山碇步—洪坳碇步—东溪上碇步（溪雾垟碇步）**—长丘碇步—碇步头碇步—水流佛碇步—雪溪湾碇步—溪坪碇步—垟面碇步—仕水碇步**

自东溪至仕阳，十千米便有碇步十条，长皆百齿以上，尤以仕水碇步为著。起点的泗溪还有号称“世界最美廊桥”的北涧桥、溪东桥；中途的东溪乡有音乐家周大风在这里创作《采茶舞曲》的土楼；东溪往仕阳方向，有一座胡氏大院，摄影师萧云集认为，胡氏大院堪比山西乔家大院。在这条路上，能看到南部泰顺与福建的往来，也能看到碇步与廊桥的关系、差异，风景怡人，路途平坦，深入浅出，适合所有人。

◆ **桐山大道**（徒步）

罗阳—下寮溪—上洪—洪岭头—大安—三魁—碇步头—柳峰—吴家墩—排岭—（此后进入福鼎境内）**南溪—上菰岭—下浮柳—桐山**（福鼎县治所在）

全程八十千米，福建省境内约二十五千米。古时泰顺通往福鼎的大道，沿途串起廊桥、茶亭、寺庙、古村。这是一条综合性的道路，历史爱好者、建筑爱好者、徒步爱好者、自然爱好者……所有人都可以在这里各得所需。

◆ **天关山古道**（徒步）

天关山—白溪村交子铺—岭北社区村尾村—同乐桥

泰顺县共有古道八十四条，总计二百六十四千米左右，比如库岭古道、三滩岭古道、状元岭古道、卢梨岭古道、三条桥古道、大岗岭古道、筱条岭古道、岭下古道、南浦溪红枫古道、铺基岭古道、万排岭古道、石鼓岭古道、排岭古道、莲头岭古道、玉塔岭古道、白柯垮古道、交溪岭古道、岭北古道、叶山岭古道、杨家岭古道、松垟古道、卢坑岭古道……其中，重点古道十条，约一百零五千米，比如天关山古道，也称岭北古道，全长十五千米。古道始建于唐，全程与山溪相伴，沿途有千亩古树群——枫香、栲树、柳杉、马尾松、苦槠、甜槠、木荷等，古树种类多达百余种，平均树龄近五百年，株株苍劲古朴。从岭头庵至村尾村的一段，长约二点五千米，是古道精华之所在。

2 乐宿

◆ **墟里·徐岙底**（温州十大市级示范性精品民宿）

推荐理由：徐岙底村作为泰顺现存最完整的古村落之一，有着八百年历史。墟里·徐岙底民宿遵循古村的原始风貌，又保证了极好的现代舒适度。村里有建于清初的文元院、举人府、吴氏宗祠等文保建筑，还保存着提线木偶戏、乌衣红粬、六月六“禳神节”等非物质文化遗产，更有耕种着的果蔬农田、羊圈鸡舍、植物染坊、手工体验馆及咖啡屋、红粬展馆。周边两千米内还有全国重点文物保护单位文兴桥、文重桥，新建廊桥的代表作文弘桥，以及古代泰商巨贾古村落东垟底古民居群。目前民宿拥有七个独栋、六个单间，共二十九间客房，独栋均整栋出租，并提供一对一的管家服务。

◇ 地址：泰顺·筱村镇·徐岙底

◆ **伴山云居·筱村公社**（温州十大市级示范性精品民宿）

推荐理由：伴山云居是拥有三十间客房的古民居特色民宿群，建筑皆由泰顺传统民居改造而成。居于半山云海间，随意打开一扇窗户，窗外都是极好的乡村风景。民宿拥有近三百亩果园基地，种有黄桃、蓝莓、猕猴桃、杨梅、枇杷等，四季均有水果飘香，并提供磨豆腐、踩年糕、插秧、喂黄牛等乡村体验。

◇ 地址：泰顺·筱村镇·筱村公社

◆ **迷途·交垟**

推荐理由：将原先比较破旧的土楼围屋宅院改造为集住宿、休闲、手工体验为一体的民宿，并有院子、菜园、泳池、草坪等，春有百花秋有月，夏有凉风冬有雪。民宿内有农家特色菜馆，基本上所有的泰顺特色菜品都能品尝到。民宿所在的交垟村有声名在外的曾氏土楼、水城厝，是福建土楼建筑形式在浙江的延伸，为国家级文物保护单位。

◇ 地址：泰顺·罗阳镇·上交垟古村

◆ **迷途·七厝**

推荐理由：塔头底村始建于清康熙年间，距今三百余年。迷途·七厝是对塔头底古村落七座清代古民居进行改造修缮而成，保留村落和房屋原来的格局，并将含有四十多种微量元素，具有医疗、美肤、健身功效的氡泉水引入古宅，形成独具特色的唐风温泉度假村。民宿紧挨廊氡国家级风景旅游度假区的核心景区、北部廊桥文化园、中部松垟旅游集散中心和南部氡泉景区，周边还有百福岩古村落、普宾桥、墩头桥等名胜古迹。

◇ 地址：泰顺·雅阳镇·塔头底村

◆ **凤栖谷民宿村**

推荐理由：位于泰顺县竹里畲族乡，是典型的畲情田园风光艺术民宿，保留了乡村古宅的原貌和传统习俗，村内的房子均是民宿，分餐饮楼、住宿楼、休闲楼等，每栋都分工明确，设有茶室、瑜伽室等休闲项目，人们既能享受清净，又能放松身心。民宿村位于竹里国家级景区内，有竹里馆、百竹园，周边还有圆洲古村落、白鹤山庄、英士大学纪念馆、飞云湖景区及乌岩岭国家级自然保护区等，每年农历三月三，游客在此能深度体验畲族节日三月三。

◇ 地址：泰顺·竹里乡·大发洋村

◆ **云岚牧场 × 沐云系列民宿**

推荐理由：云岚牧场是浙江省最大的草场，整个民宿分为以下五块。

沐云·向往：大院子、落地窗，七间阳光房，配以简洁的灰白墙、木地板和新中式原木家具，地面采用水磨石技术，注重窗外景观和光线的互动，自然而然。

沐云·嘿朵朵：“看得见奶牛的奶牛房”，亲子旅舍，以奶牛主题打造，适合孩子。

沐云·芸苔：归园田居，独栋建筑，三层，朝看云雾，夜赏繁星。

沐云·绿绮：落在草坡上的“绿色盒子”，三栋建筑借地势的错落，隐于后山。

沐云·停云：独栋双层建筑，为家庭度假量身打造。

◇ 地址：泰顺·柳峰乡·高场村云岚牧场

◆ **竹里云溪**（国家甲级民宿）

推荐理由：位于畲族聚居的竹里乡，由三位兄妹改造父母祖屋而成，是大学生返乡创业的非酒店模式乡村民宿，也是泰顺境内首家白金级民宿。共九个房间，依照景观的不同，分“听溪”“观云”“见山”“泊云”四种。

◇ 地址：泰顺·竹里乡乡政府附近

◆ **空山隐**

推荐理由：以国立英士大学分校旧址为依托，历时五年精心打磨而成，完美保留了大学旧址的老门楼、夯土墙等乡土元素。民宿伴山而居，既无干扰，又不失烟火。共十二间房，并有守拙书院、在野酒居、悬空泳池、户外草场、十亩稻田、竹林等配套设施。

◇ 地址：泰顺·司前镇·里光村

◆ **月笼溪沙**

推荐理由：月笼溪沙原是当地著名家族林家的旧居，林家在宋代曾出过18位学士。民宿保留了林宅原有的底蕴，无论是院子格局还是建筑细节，都留着古风。民宿坐落于“世界最美廊桥”北涧桥和溪东桥边，周边还有廊桥文化展厅、南阳桥、南溪桥、池源桥、霞光桥、霞庄桥等国保级廊桥，同时有汤氏宗祠、包氏宗祠、张十一故居等名胜古迹。

◇ 地址：泰顺·泗溪镇

◆ **驿游民宿**

推荐理由：岭北乡第一家正式经营的民宿。客厅像咖啡馆，厨房可以烧柴火，房间充满童趣。周边有千年檵木林、天关古道，以及泰福桥、道均垟等古廊桥和同乐桥、同心桥、同圆桥等新建廊桥的代表。

◇ 地址：泰顺·罗阳镇·岭北村口

3 乐食

没有奢华的米其林餐厅，在泰顺，只需在城乡的角角落落，去体验这些在地美食就好。

◆ **米面层**
分布区域：泰顺县城及各乡镇

◆ **婆饼**
分布区域：罗阳、司前、竹里

◆ **乌米饭**
分布区域：司前、竹里、彭溪

◆ **溪鱼干**
分布区域：百丈、司前、罗阳

◆ **红烧猪脚**
分布区域：包垟

◆ **乌衣红粬酒**
分布区域：筱村、南浦溪

◆ **九层糕**
分布区域：南浦溪

◆ **泥鳅汤**
分布区域：泗溪

◆ **凤垟清炖鹧鸪**
分布区域：凤垟

◆ **东溪土豆饼**
分布区域：东溪

◆ **栀子蛋花**
分布区域：彭溪

◆ **雅阳药膳**
分布区域：雅阳

◆ **柳峰牛杂**
分布区域：柳峰

◆ **仕阳肉丸**
分布区域：仕阳

◆ **龟湖溪鱼**
分布区域：龟湖

◆ **绿豆腐**
分布区域：雪溪

◆ **三魁什锦菜**
分布区域：三魁

◆ **西旸炒米粉**
分布区域：西旸

◆ **大安辣兔**
分布区域：大安

◆ **洲岭猪肉**

分布区域：洲岭

◆ **岭北糯米糍**

分布区域：岭北

◆ **碑排笋干**

分布区域：碑排

◆ **翁山番薯干**

分布区域：翁山

◆ **南院茭白**

分布区域：南院

◆ **粽子**

分布区域：泰顺各乡镇

◆ **仙稔溪螺**

分布区域：仙稔

注：菜品分布区域为典型区域，并非绝对准确，仅供参考。

4 乐居

如果不只是旅行，而是想要短期或长期居住下来，筱村镇徐岙底有“返乡服务中心”，为候鸟型的旅居者、常住型的乡居者和共创型的乡民制定了翔实的“新乡民计划”，可前往咨询。

指导：泰顺县人民政府
出品方：墟里文化

主编：黄菊
副主编：钟晓波
学术顾问：祁刚
设计总监：杨林青
信息设计：叶超

工作小组：
小熊
吴建莹
曹曈

摄影：
钟晓波
晨波
曹曈
胡黎明
萧云集
薛一泉
蔡伟伟
张健
杨希
李玉祥
祁刚
左靖工作室

致谢：
祁刚
小熊
吴建莹
萧云集
刘杰
周华诚
薛一泉
李玉祥
杨希
胡珊
龚崎现
林劲松
季龙辉
吴立前
吴金留
周善灵
季积庆
翁伟忠
胡黎明
晨波
宁成春
蔡伟伟
张健
陈学农
高国林
英子
朱利阳
季龙辉
雷宜锡
雷建软
雷祖培
胡珊
左靖工作室
钟晓波及家人
吴学养及家人
曾家快及家人
赖立位及家人
包登峰及家人
叶子及家人
季天渊及家人
墟里团队
徐岙底的所有村民

特别鸣谢：
墟里·徐岙底共益社区

图书在版编目（CIP）数据

在泰顺看见中国 / 黄菊主编. -- 上海 : 上海人民美术出版社, 2024. 11. --（乡土文化遗产看中国）.
ISBN 978-7-5586-3005-7

Ⅰ. G127.554

中国国家版本馆CIP数据核字第2024B4Z545号

出品人：侯培东
统　筹：邱孟瑜

在泰顺看见中国

主　　编：黄　菊
装帧设计：杨林青
信息设计：叶　超
责任编辑：张乃雍
技术编辑：齐秀宁
审　　校：马海燕
出版发行：上海人民美術出版社
（地址：上海市闵行区号景路159弄A座7F　邮编：201101）
网　　址：www.shrmbooks.com
制　　版：上海商务数码图像技术有限公司
印　　刷：上海雅昌艺术印刷有限公司
开　　本：720×1000　1/16　17.5印张
版　　次：2024年11月第1版
印　　次：2024年11月第1次
书　　号：ISBN 978-7-5586-3005-7
定　　价：98.00元